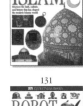

ANFIBIOS

Salamandra tigre

Vista inferior de un
tritón alpino neoteno

Rana europea común
preparándose para saltar

Mantelas
con variaciones
de color

Mantelas

GUÍAS ⊙ VISUALES

ANFIBIOS

Escrito por
DR. BARRY CLARKE

Fotografía de
GEOFF BRIGHTLING y
FRANK GREENAWAY

Renacuajo
de tritón
crestado

Rana toro
africana

DK

DK Publishing, Inc

Esqueleto
de sapo de
Surinam

Rana veneno de flecha

Rana toro

Rana arbórea
de ojos rojos
sobre una hoja

LONDRES, NUEVA YORK, MÚNICH,
MELBOURNE, y DELHI

Título original de la obra: *Amphibian*
Copyright © 1993 Dorling Kindersley Limited

Editora del proyecto Marion Dent
Editora de arte Jill Plank
Jefa de redacción Helen Parker
Directora de arte Julia Harris
Producción Louise Barratt
Investigación iconográfica Clive Webster
Fotografías adicionales Mike Linley

Editora en EE. UU. Elizabeth Hester
Asesor Producciones Smith Muñiz

Edición en español preparada por
Alquimia Ediciones, S.A. de C.V.
Río Balsas 127, 1° piso, Col. Cuauhtémoc
C.P. 06500, México, D.F.

Primera edición estadounidense, 2004
04 05 06 07 08 10 9 8 7 6 5 4 3 2 1

Publicado en Estados Unidos por DK Publishing, Inc.
375 Hudson Street, New York, New York 10014

Los créditos de la página 64 forman parte de esta página.

Publicado en Gran Bretaña por Dorling Kindersley Limited.

A catalog record for this book is available from the Library of Congress.

ISBN: 0-7566-0414-1

Reproducción a color por Colourscan, Singapur
Impreso y encuadernado por Toppan Printing Co. (Shenzhen) Ltd.

Descubra más en
www.dk.com

Jeremy Fisher, del
cuento de Beatrix
Potter (1866-1943)
El cuento del Sr.
Jeremy Fisher

Secuencia
de caminata
de una
salamandra tigre

Emblema en vajilla de Catalina la Grande (1729-1796), emperatriz de Rusia

Rana arbórea de ojos rojos dando un salto

Contenido

¿Qué es un anfibio?

Los anfibios vivos se dividen en tres grupos: ranas y sapos, tritones, salamandras y sirenas, y el poco conocido grupo de los cecílidos, parecidos a los gusanos. Los anfibios son vertebrados (tienen espina dorsal), como los peces, los reptiles, las aves y los mamíferos. Son de sangre fría, pues la temperatura de su cuerpo varía de acuerdo con la de su medio. A diferencia de los animales de sangre caliente (mamíferos y aves) los anfibios no necesitan comer con frecuencia para mantener su temperatura corporal, así que su alimentación aumenta o disminuye junto con su temperatura y nivel de actividad. Los anfibios tienen la piel desnuda (sin pelo, plumas o escamas) y pueden respirar a través de ella, junto con los pulmones o en lugar de ellos.

DENTRO Y FUERA DEL AGUA
Este auto anfibio puede ser manejado en tierra o en agua. La palabra "anfibio" proviene del griego *amphi* y *bios* que significan "doble vida", es decir, que puede vivir o funcionar en tierra y en agua. La mayoría de los anfibios pasan de la vida acuática, durante el estado larvario, a una vida adulta terrestre.

Piel de sapo con manchas (ar.)

Piel de rana arbórea (d.)

A FLOR DE PIEL
La piel de los anfibios es especial. Como todos los ellos, las ranas y los sapos la usan para respirar, desechar o tomar agua, crear diseños y marcas coloridas para su defensa (págs. 20-21), y atraer pareja (págs. 32-33). También segregan moco por la piel para conservar la humedad y evitar que la capa externa de la piel se dañe.

La rana común europea vive en los bosques, cerca del agua, y su tamaño es de 2.5 a 4 pulg (6 a 10 cm)

CON FORMA DE RANA
Las ranas y los sapos (págs. 42-45) tienen un cuerpo distintivo: cabeza grande con boca amplia, ojos prominentes, cuerpo gordo, sin cola, patas posteriores más largas que las delanteras, y una "sección adicional" (tercera) del talón a la pata antes del pie largo. Quizá desarrollaron estas características para cazar, saltar o abalanzarse sobre su dieta de insectos en movimiento (págs. 18-19).

La piel lisa y viscosa de la rana es típica

Las manchas de la salamandra de fuego son polimórficas

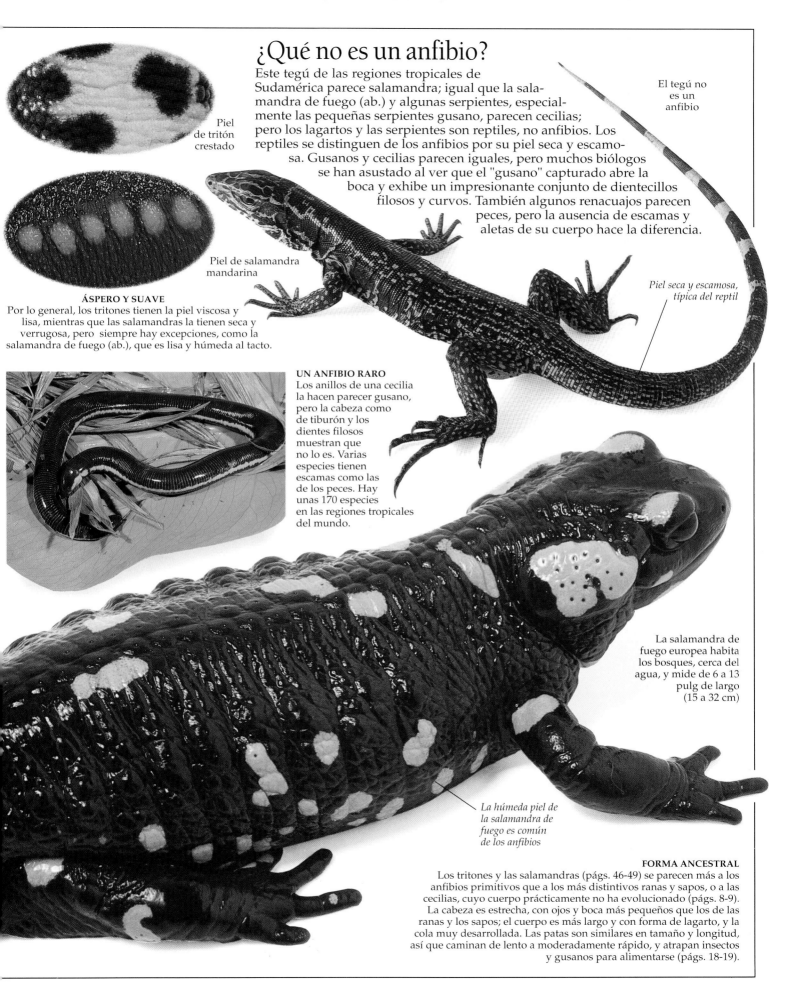

¿Qué no es un anfibio?

Este tegú de las regiones tropicales de
Sudamérica parece salamandra; igual que la salamandra de fuego (ab.) y algunas serpientes, especialmente las pequeñas serpientes gusano, parecen cecilias;
pero los lagartos y las serpientes son reptiles, no anfibios. Los
reptiles se distinguen de los anfibios por su piel seca y escamosa. Gusanos y cecilias parecen iguales, pero muchos biólogos
se han asustado al ver que el "gusano" capturado abre la
boca y exhibe un impresionante conjunto de dientecillos
filosos y curvos. También algunos renacuajos parecen
peces, pero la ausencia de escamas y
aletas de su cuerpo hace la diferencia.

Piel
de tritón
crestado

El tegú no
es un
anfibio

Piel de salamandra
mandarina

Piel seca y escamosa,
típica del reptil

ÁSPERO Y SUAVE
Por lo general, los tritones tienen la piel viscosa y
lisa, mientras que las salamandras la tienen seca y
verrugosa, pero siempre hay excepciones, como la
salamandra de fuego (ab.), que es lisa y húmeda al tacto.

UN ANFIBIO RARO
Los anillos de una cecilia
la hacen parecer gusano,
pero la cabeza como
de tiburón y los
dientes filosos
muestran que
no lo es. Varias
especies tienen
escamas como las
de los peces. Hay
unas 170 especies
en las regiones tropicales
del mundo.

La salamandra de
fuego europea habita
los bosques, cerca del
agua, y mide de 6 a 13
pulg de largo
(15 a 32 cm)

La húmeda piel de
la salamandra de
fuego es común
de los anfibios

FORMA ANCESTRAL
Los tritones y las salamandras (págs. 46-49) se parecen más a los
anfibios primitivos que a los más distintivos ranas y sapos, o a las
cecilias, cuyo cuerpo prácticamente no ha evolucionado (págs. 8-9).
La cabeza es estrecha, con ojos y boca más pequeños que los de las
ranas y los sapos; el cuerpo es más largo y con forma de lagarto, y la
cola muy desarrollada. Las patas son similares en tamaño y longitud,
así que caminan de lento a moderadamente rápido, y atrapan insectos
y gusanos para alimentarse (págs. 18-19).

Anfibios antiguos

LOS PRIMEROS ANFIBIOS aparecieron en el período Devónico, hace 360 millones de años. Evolucionaron de peces con aletas carnosas y lobuladas que parecían patas, y, como el *Ichtyostega*, tenían características de pez. Al igual que sus antepasados, pudieron haber sido atraídos a tierra por una buena fuente de alimento y la ausencia de depredadores (págs. 58-59). Igual que sus antecesores, tenían pulmones y comenzaron a usar sus aletas lobuladas para desplazarse por tierra; estos anfibios desarrollaron miembros para caminar. La gran era de los anfibios va del período Devónico al Pérmico, cuando hubo mayor variedad de tamaños y formas que hoy. El *Diplocaulus*, por ejemplo, era muy pequeño, mientras que el *Eryops* crecía hasta 6.5 pies (2 m) o más. La mayoría se extinguió alrededor del Triásico, pero quedaron unos cuantos, como el *Triadobatrachus* y la *Rana pueyoi*, de donde evolucionaron los anfibios modernos (págs. 42-49).

SAPO EN UN HOYO
Este sapo no es un fósil, está momificado. Cuando era pequeño entró en esta piedra hueca (hallada en Inglaterra en la década de 1890) por un hoyo pequeño del extremo. Murió por falta de alimento, agua y aire.

Reconstrucción de un *Triadobatrachus* por un artista

Pata trasera corta

Mitad de fósil de *Triadobatrachus*

Esqueleto de *Ichtyostega*

Reconstrucción del *Ichtyostega*

ALETAS DE PEZ
Éstas son reconstrucciones de *Ichtyostega*, un anfibio primitivo del periodo Devónico en Groenlandia. Tenía características de pez, como aleta caudal y pequeñas escamas en su cuerpo de anfibio, pero menos huesos en el cráneo, y patas adecuadas para caminar.

LAS ERAS GEOLÓGICAS				
PERIODO (MILLONES DE AÑOS)	ANFIBIOS PRIMITIVOS	CECILIAS	TRITONES, SALAMANDRAS Y SIRENAS	RANAS Y SAPOS
PALEOCENO AL PRESENTE (70)		Único fósil de cecilia ●	La salamandra más antigua que se conoce	La rana más antigua que se conoce
CRETÁCICO (140)				
JURÁSICO (190)			●	
TRIÁSICO (225)				
PÉRMICO (270)	*Eryops* ●		Triadobatrachus ●	
CARBONÍFERO (350)	*Ichthyostega*			
DEVÓNICO (400)				

La duración de los periodos no está a escala

Dientes filosos de un carnívoro

Esqueleto de *Eryops*

COCODRILO ANFIBIO
Esqueleto de *Eryops*, cocodrilo parecido a un anfibio que habitó las ciénagas de Tejas, en el sur de EE.UU., durante el periodo Pérmico. Estas criaturas terrestres usaban sus fuertes miembros para desplazarse en tierra.

Cráneo ancho y plano, como el de las ranas actuales

Cola corta

FRÁGIL PRUEBA
Este sándwich fósil (ar. e i.) es el único espécimen conocido de *Triadobatrachus*, fue hallado en Francia, y proviene del Triásico, de hace casi 210 millones de años. El cráneo es ancho y plano, como el de la rana, pero tiene más vértebras que las ranas actuales, una cola con huesos y patas traseras cortas.

RANA ANCESTRAL
Esta rana fósil de 20 millones de años de antigüedad, *Discoglossus*, proviene del Mioceno y fue hallada en Alemania. Su estructura es similar a la de su pariente cercano del lejano período Jurásico, el *Eodiscoglossus*, descubierto en España. Las especies vivas actuales de *Discoglossus* muestran que no han cambiado en los últimos 150 millones de años.

Contorno del esqueleto

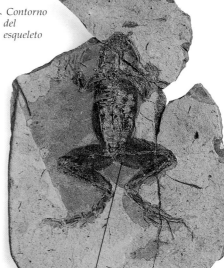

UNA RANA MÁS MODERNA
Fósiles de esqueleto de rana bien conservados, como el de la *Rana pueyoi* del Mioceno, de España, se parecen mucho a las ranas europeas actuales del mismo género, *Rana* (págs. 42-43). Estos fósiles ayudan a los especialistas a calcular cuándo aparecieron las primeras ranas modernas. También muestran que algunos grupos casi no han cambiado en 25 millones de años desde principios del Mioceno hasta la fecha.

Pata posterior larga y carnosa

La forma del cuerpo de este fósil de salamandra se parece al de la salamandra gigante actual

Patas cortas y robustas que sostienen el cuerpo pesado

ANFIBIO CABEZA DE FLECHA
Este extraño anfibio es el *Diplocaulus* (24 pulg, 60 cm de largo), miembro de un grupo ya extinto que habitaba las aguas pérmicas de Tejas, EE.UU.

PARIENTE DEL EXTRANJERO
Esta salamandra fósil, *Cryptobranchus scheuchzeri*, hallada en Suiza, tiene casi 8 millones de años de antigüedad. Es pariente cercana de la salamandra gigante, *Cryptobranchus alleganiensis*, ahora el único miembro vivo que habita el sureste de EE.UU. Fósiles como éste son la prueba de que algunos anfibios, como estas salamandras gigantes (págs. 48-49) ocupaban un gran territorio y que las masas de tierra, ahora separadas, estaban unidas. Por desgracia, el registro de fósiles es escaso y sus orígenes y parentesco permanecen en el misterio.

Los huesos son la base

LOS ANFIBIOS TIENEN ESQUELETO SIMPLE con menos huesos que otros vertebrados (animales con espina dorsal) actuales y muchos menos que sus antepasados pisciformes. Esto destaca una tendencia evolutiva o cambio total en los anfibios: se redujo el número de huesos del cráneo y las vértebras (la espina). Las cecilias son la excepción. Comparadas con las salamandras, tienen tantos o más huesos que ellas en el cráneo y muchos más en la espina dorsal. A partir de un esqueleto prototipo de salamandra, básico y ancestral, la familia anfibia evolucionó en dos direcciones. El tipo rana, de cabeza ancha, cuencas oculares grandes, espina dorsal corta (generalmente sin costillas), sin vértebras en la cola y patas posteriores de huesos largos. Y el tipo de los cecilídos, de cráneo pequeño, casi tubular, sin cuencas oculares (o muy pequeñas), espina dorsal larga con costillas y ausencia de patas. Comparar los esqueletos de los anfibios actuales ayuda a ubicar fósiles como el *Triadobatrachus* (págs. 8-9) en su nicho evolutivo correcto como un antecesor primitivo de la rana.

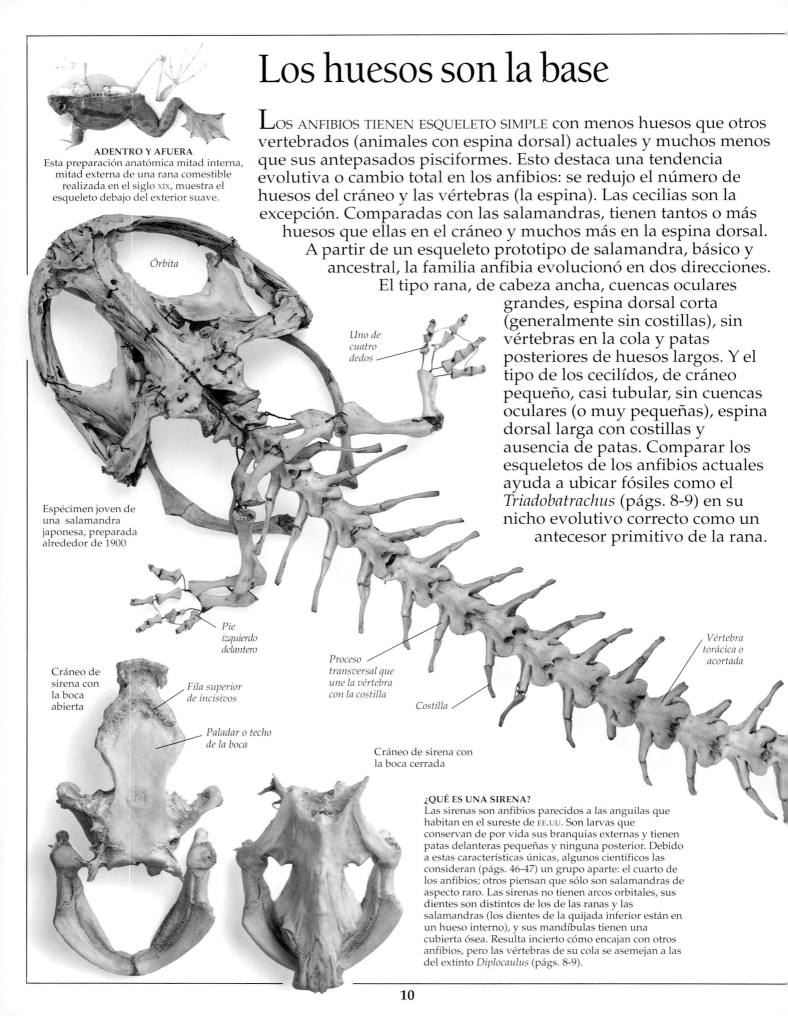

ADENTRO Y AFUERA
Esta preparación anatómica mitad interna, mitad externa de una rana comestible realizada en el siglo XIX, muestra el esqueleto debajo del exterior suave.

Órbita

Uno de cuatro dedos

Espécimen joven de una salamandra japonesa, preparada alrededor de 1900

Pie izquierdo delantero

Cráneo de sirena con la boca abierta

Fila superior de incisivos

Paladar o techo de la boca

Proceso transversal que une la vértebra con la costilla

Costilla

Cráneo de sirena con la boca cerrada

Vértebra torácica o acortada

¿QUÉ ES UNA SIRENA?
Las sirenas son anfibios parecidos a las anguilas que habitan en el sureste de EE.UU. Son larvas que conservan de por vida sus branquias externas y tienen patas delanteras pequeñas y ninguna posterior. Debido a estas características únicas, algunos científicos las consideran (págs. 46-47) un grupo aparte: el cuarto de los anfibios; otros piensan que sólo son salamandras de aspecto raro. Las sirenas no tienen arcos orbitales, sus dientes son distintos de los de las ranas y las salamandras (los dientes de la quijada inferior están en un hueso interno), y sus mandíbulas tienen una cubierta ósea. Resulta incierto cómo encajan con otros anfibios, pero las vértebras de su cola se asemejan a las del extinto *Diplocaulus* (págs. 8-9).

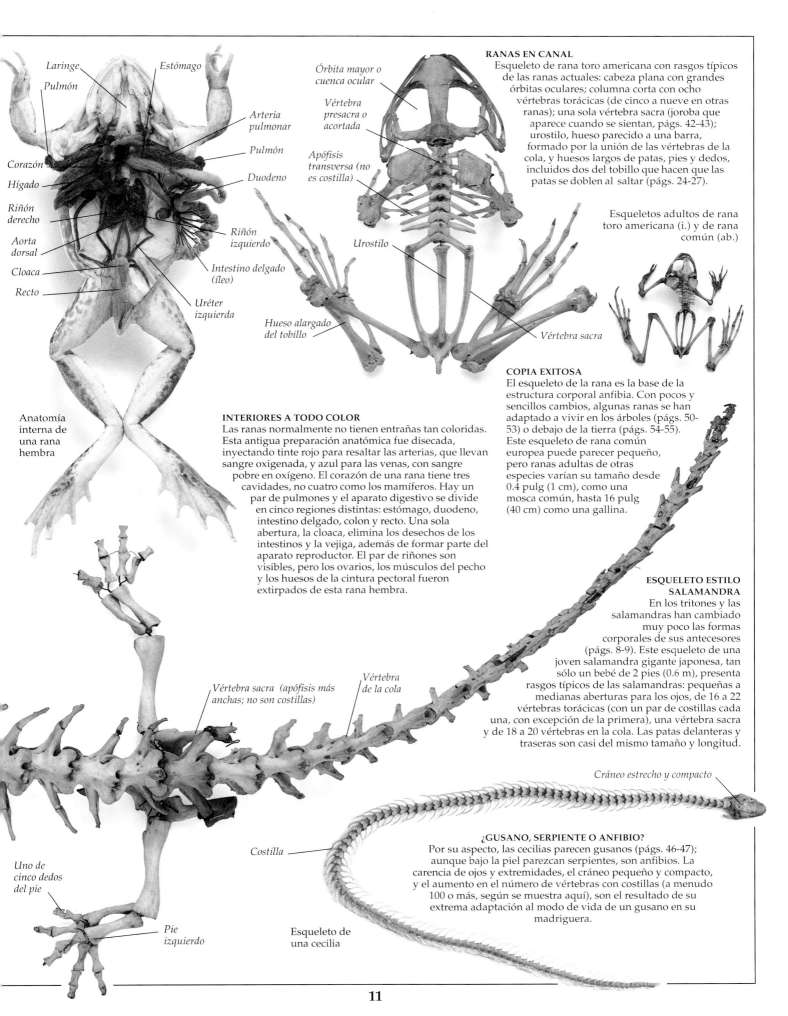

Laringe

Estómago

Pulmón

Arteria pulmonar

Corazón

Pulmón

Hígado

Duodeno

Riñón derecho

Riñón izquierdo

Aorta dorsal

Intestino delgado (íleo)

Cloaca

Recto

Uréter izquierda

Anatomía interna de una rana hembra

RANAS EN CANAL
Esqueleto de rana toro americana con rasgos típicos de las ranas actuales: cabeza plana con grandes órbitas oculares; columna corta con ocho vértebras torácicas (de cinco a nueve en otras ranas); una sola vértebra sacra (joroba que aparece cuando se sientan, págs. 42-43); urostilo, hueso parecido a una barra, formado por la unión de las vértebras de la cola, y huesos largos de patas, pies y dedos, incluidos dos del tobillo que hacen que las patas se doblen al saltar (págs. 24-27).

Órbita mayor o cuenca ocular

Vértebra presacra o acortada

Apófisis transversa (no es costilla)

Urostilo

Hueso alargado del tobillo

Vértebra sacra

Esqueletos adultos de rana toro americana (i.) y de rana común (ab.)

INTERIORES A TODO COLOR
Las ranas normalmente no tienen entrañas tan coloridas. Esta antigua preparación anatómica fue disecada, inyectando tinte rojo para resaltar las arterias, que llevan sangre oxigenada, y azul para las venas, con sangre pobre en oxígeno. El corazón de una rana tiene tres cavidades, no cuatro como los mamíferos. Hay un par de pulmones y el aparato digestivo se divide en cinco regiones distintas: estómago, duodeno, intestino delgado, colon y recto. Una sola abertura, la cloaca, elimina los desechos de los intestinos y la vejiga, además de formar parte del aparato reproductor. El par de riñones son visibles, pero los ovarios, los músculos del pecho y los huesos de la cintura pectoral fueron extirpados de esta rana hembra.

COPIA EXITOSA
El esqueleto de la rana es la base de la estructura corporal anfibia. Con pocos y sencillos cambios, algunas ranas se han adaptado a vivir en los árboles (págs. 50-53) o debajo de la tierra (págs. 54-55). Este esqueleto de rana común europea puede parecer pequeño, pero ranas adultas de otras especies varían su tamaño desde 0.4 pulg (1 cm), como una mosca común, hasta 16 pulg (40 cm) como una gallina.

ESQUELETO ESTILO SALAMANDRA
En los tritones y las salamandras han cambiado muy poco las formas corporales de sus antecesores (págs. 8-9). Este esqueleto de una joven salamandra gigante japonesa, tan sólo un bebé de 2 pies (0.6 m), presenta rasgos típicos de las salamandras: pequeñas a medianas aberturas para los ojos, de 16 a 22 vértebras torácicas (con un par de costillas cada una, con excepción de la primera), una vértebra sacra y de 18 a 20 vértebras en la cola. Las patas delanteras y traseras son casi del mismo tamaño y longitud.

Vértebra sacra (apófisis más anchas; no son costillas)

Vértebra de la cola

Cráneo estrecho y compacto

Costilla

Uno de cinco dedos del pie

Pie izquierdo

Esqueleto de una cecilia

¿GUSANO, SERPIENTE O ANFIBIO?
Por su aspecto, las cecilias parecen gusanos (págs. 46-47); aunque bajo la piel parezcan serpientes, son anfibios. La carencia de ojos y extremidades, el cráneo pequeño y compacto, y el aumento en el número de vértebras con costillas (a menudo 100 o más, según se muestra aquí), son el resultado de su extrema adaptación al modo de vida de un gusano en su madriguera.

La importancia del agua

EL AGUA ES VITAL PARA los anfibios. El agua dulce mantiene su piel húmeda y es necesaria para la reproducción, especialmente en especies que pasan toda o parte de su vida en estado larvario en el agua. En un hábitat acuático o acuoso, el agua atraviesa rápidamente la piel y es eliminada por los riñones. En regiones secas, los anfibios pueden perder más agua de la que absorben. Las ranas pueden evitarlo con una piel menos porosa, buscando lugares sombríos, ocultándose en madrigueras y tomando agua de superficies húmedas o mojadas. Algunos sapos obtienen casi tres cuartas partes del agua que necesitan mediante un parche holgado o "asiento" en la pelvis, que presionan contra las superficies húmedas. Los anfibios rara vez beben agua, aunque tal vez ingieran una poca con los alimentos. A pesar de su vulnerabilidad a la repentina pérdida de agua, muchos han adaptado su conducta y estructura superficial de la piel a una increíble variedad de hábitats, desde las charcas y los árboles (incluso en lo alto de la selva, donde la única agua disponible es la que se acumula en las hojas), hasta la vida de los desiertos, donde hacen madrigueras y refugios.

NAVE DEL DESIERTO
Contra lo que se cree, los camellos no almacenan agua en sus jorobas (son reservas de grasa), sino que beben mucha agua para suplir la que han perdido.

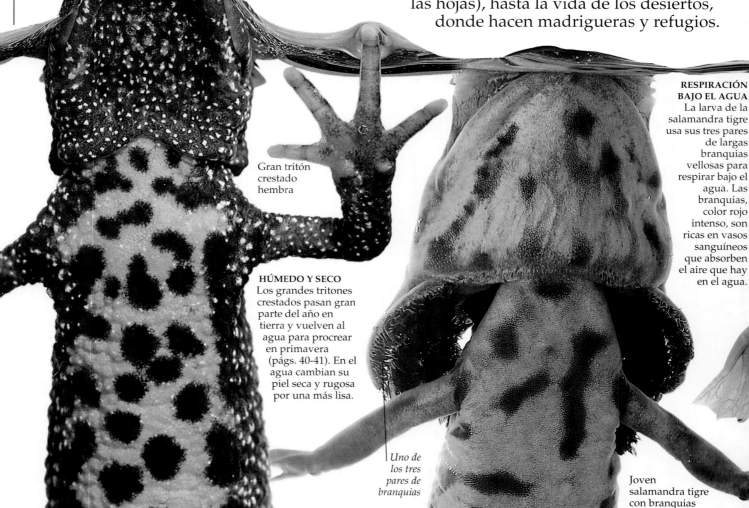

Gran tritón crestado hembra

HÚMEDO Y SECO
Los grandes tritones crestados pasan gran parte del año en tierra y vuelven al agua para procrear en primavera (págs. 40-41). En el agua cambian su piel seca y rugosa por una más lisa.

Uno de los tres pares de branquias

RESPIRACIÓN BAJO EL AGUA
La larva de la salamandra tigre usa sus tres pares de largas branquias vellosas para respirar bajo el agua. Las branquias, color rojo intenso, son ricas en vasos sanguíneos que absorben el aire que hay en el agua.

Joven salamandra tigre con branquias

12

RANA DEL DESIERTO
1 Muchos anfibios se entierran hondo (págs. 54-55) para no deshidratarse. En su cámara subterránea, la rana retenedora de agua australiana puede sobrevivir largas sequías en verdaderas condiciones desérticas.

Rana australiana retenedora de agua enterrándose en el fango

LA VIDA SUPERA AL ARTE
A menudo las ranas se usan en el ornato y el diseño, como este bonito jarrón para agua con forma de rana, hecho en China en el siglo XVI.

CÓMO RETENER AGUA
2 En un compartimiento subterráneo el nivel de humedad es más alto y la temperatura circundante más baja que afuera. La rana también almacena agua en la vejiga.

OTRO TRUCO
3 La rana muda las capas externas de la piel para formar un capullo y reducir drásticamente la pérdida de agua. Sale para comer y procrear sólo cuando llueve.

SALAMANDRA CAVERNÍCOLA
El olm cavernario de los helados ríos subterráneos de la costa Adriática (de Italia y Croacia) es siempre una larva sexualmente madura, como el ajolote. Pero, a diferencia de éste, no se convertirá en adulto si se agrega yodo al agua o si se le aplican hormonas.

El olm mide de 8 a 12 pulg (20 a 30 cm) de longitud

El adulto vivirá en tierra seca, en camas de hojas o pequeñas madrigueras

El tritón de California mide de 5 a 8 pulg (13 a 20 cm)

Pata posterior de gran alcance

Dedos palmeados del pie

VIDA SUBACUÁTICA
El sapo de uñas africano pasa casi toda su vida en el agua, sólo sale a tierra para emigrar a charcas o lagos cercanos (págs. 22-23). La cabeza y el cuerpo planos, las patas traseras fuertes y los pies palmeados hacen de él un excelente nadador.

TRITÓN DE CALIFORNIA
Este tritón pone de 12 a 24 huevos en plantas subacuáticas a final de invierno o inicio de primavera. Sus crías dejan el agua en otoño o en la próxima primavera.

Cuerpo aplanado

Branquias vellosas rojas

Joven sapo de uñas africano albino (sin color)

Ajolote

BEBÉ ACUÁTICO
En ciertas especies de tritones y salamandras, las larvas nunca se hacen adultos, pero permanecen en el agua hasta alcanzar la madurez sexual en estado larvario. Esto se conoce como "neotenia" (págs. 48-49) y puede ser causada por factores ambientales, como una temperatura baja o un nivel bajo de yodo en el agua. El ajolote (i.) es el ejemplo más conocido de una larva neotena.

Colores y manchas

Los anfibios tienen una gama increíble de colores y manchas: azules, rojos, amarillos brillantes, marrones y verdes, con variedad de rayas y pecas. Muchos son más oscuros en el dorso, con un color y un patrón totalmente distinto en la panza. Como la mayoría de los animales, se confunden con sus alrededores para camuflarse (págs. 20-21) o poseen un color intenso que advierte a los depredadores que son venenosos (págs. 56-57). El color de un anfibio puede ayudar a absorber o a reflejar el calor o a atraer pareja (págs. 32-35). El color y las manchas de la piel de un anfibio son producidos por tres células de pigmento: blancas, amarillas y negro-marrón. No existe el pigmento verde ni el azul: una rana se pone verde cuando la parte azul de la luz blanca es absorbida por las células amarillas. Las células de pigmento negro-marrón pueden agrandarse para oscurecer, o contraerse para aclarar la piel. El color de un anfibio varía con la humedad y la temperatura, puede ser pálido cuando hace calor, y más oscuro si hace frío o hay humedad.

LA RANA PRÍNCIPE
La historia de la princesa que besa a una rana y la transforma en un apuesto príncipe es un conocido cuento de hadas. En la versión de 1815 de los hermanos Grimm, la princesa siente aversión por la rana, pero ésta la engaña para que la cuide y rompa el hechizo de la malvada bruja.

Ranas arbóreas de White, de Australia (ar.) e Indonesia (i.)

IGUALES PERO DIFERENTES...
Los intrincados dibujos de la parte superior de la cabeza, el cuerpo y las patas de estos dos sapos cornudos sudamericanos les otorgan su nombre común "de sapo cornudo ornamentado" (págs. 44-45). Las pequeñas diferencias individuales de color y las manchas en la piel (i. y ab.) son comunes dentro de una especie.

Patas cortas y fuertes

Boca enorme para asir una presa grande

El diseño cambia la figura de un sapo

¡OSCURO ABAJO, CLARO ARRIBA!
El cambio de color de un anfibio es una respuesta a los cambios en la intensidad de la luz, la temperatura, la humedad o el estado de ánimo. Verde claro es el color habitual de estas ranas arbóreas de White (págs. 50-51), pero si se alejan de la superficie soleada de la hoja a un lugar fresco, sombrío o húmedo, pueden cambiar de verde a marrón claro.

Tres sapos cornudos ornamentados sudamericanos; miden de 3.5 a 5 pulg (9 a 13 cm)

DIVERSO COLOR, DISTINTA ESPECIE
Este diseño marrón de sapo cornudo (i.) era considerado de la misma especie que los dos verdes, pero en 1980 se supo que era distinto. El diseño de la piel es similar, pero viven en hábitats distintos aunque cercanos, además no se reproducen entre sí. Así que no son formas polimórficas porque no pertenecen a la misma especie.

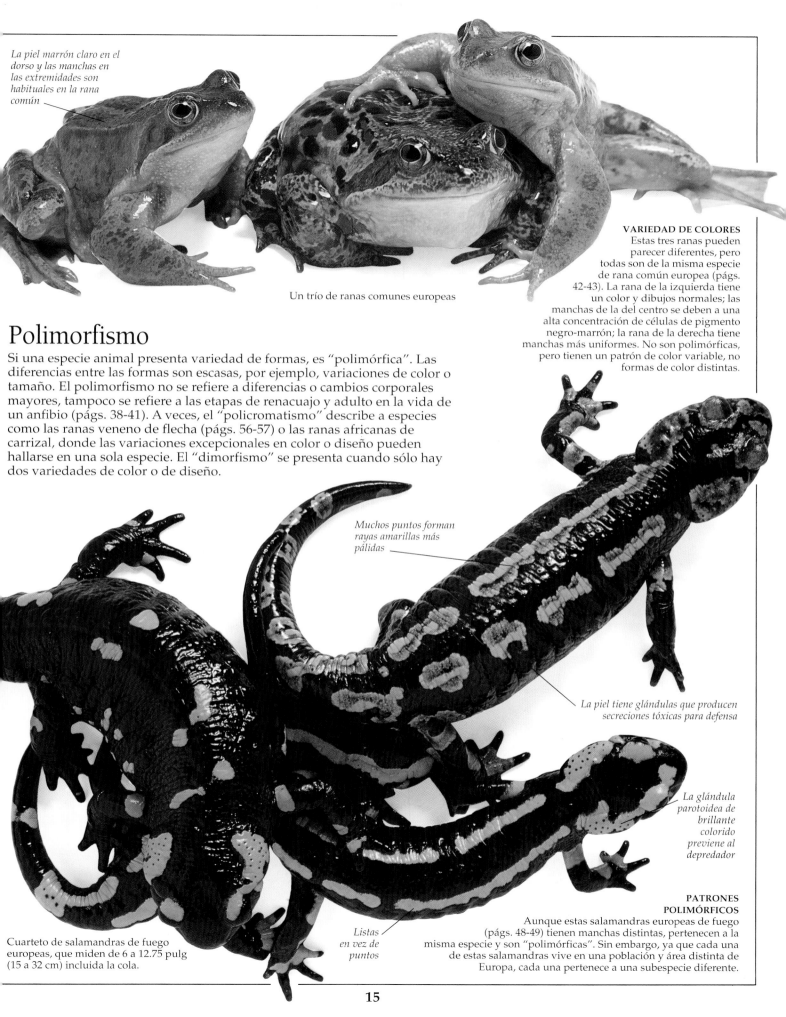

La piel marrón claro en el dorso y las manchas en las extremidades son habituales en la rana común

Un trío de ranas comunes europeas

Polimorfismo

Si una especie animal presenta variedad de formas, es "polimórfica". Las diferencias entre las formas son escasas, por ejemplo, variaciones de color o tamaño. El polimorfismo no se refiere a diferencias o cambios corporales mayores, tampoco se refiere a las etapas de renacuajo y adulto en la vida de un anfibio (págs. 38-41). A veces, el "policromatismo" describe a especies como las ranas veneno de flecha (págs. 56-57) o las ranas africanas de carrizal, donde las variaciones excepcionales en color o diseño pueden hallarse en una sola especie. El "dimorfismo" se presenta cuando sólo hay dos variedades de color o de diseño.

VARIEDAD DE COLORES
Estas tres ranas pueden parecer diferentes, pero todas son de la misma especie de rana común europea (págs. 42-43). La rana de la izquierda tiene un color y dibujos normales; las manchas de la del centro se deben a una alta concentración de células de pigmento negro-marrón; la rana de la derecha tiene manchas más uniformes. No son polimórficas, pero tienen un patrón de color variable, no formas de color distintas.

Muchos puntos forman rayas amarillas más pálidas

La piel tiene glándulas que producen secreciones tóxicas para defensa

La glándula parotoidea de brillante colorido previene al depredador

PATRONES POLIMÓRFICOS
Aunque estas salamandras europeas de fuego (págs. 48-49) tienen manchas distintas, pertenecen a la misma especie y son "polimórficas". Sin embargo, ya que cada una de estas salamandras vive en una población y área distinta de Europa, cada una pertenece a una subespecie diferente.

Cuarteto de salamandras de fuego europeas, que miden de 6 a 12.75 pulg (15 a 32 cm) incluida la cola.

Listas en vez de puntos

15

Defensa propia

Lᴀ ᴍᴀʏᴏʀÍᴀ ᴅᴇ ʟᴏs ᴀɴғɪʙɪᴏs sᴏɴ ɪɴᴏғᴇɴsɪᴠᴏs pero tienen muchos enemigos y cada año son comidos millones de ellos por otros animales. Muchos producen sustancias venenosas en la piel, pero a diferencia de las serpientes, las arañas y los escorpiones, carecen de medios para infligir una mordedura o una picadura venenosa. El veneno de un anfibio sólo funciona si un depredador intenta devorarlo. Su defensa principal es el camuflaje (págs. 20-21). Si es molestado, adopta un comportamiento alarmante para asustar al enemigo o para tener tiempo de escapar. El veneno (págs. 56-57) es el último recurso de sus estrategias defensivas para evitar ser comido.

TRITÓN VENENOSO
El eft rojo es la etapa preadulta y sedentaria del tritón del este de Norteamérica. Pasa dos o tres años en tierra antes de volver al agua siendo un tritón adulto. Su color rojo indica a los depredadores que es venenoso y desagradable al gusto.

IMITADOR ROJO
La salamandra roja de color brillante es una imitadora, ya que se ve y se comporta como el venenoso eft rojo del tritón del este (ar.). En este caso, la imitadora también es venenosa y se beneficia porque los depredadores han aprendido a evitar al tritón, que es mucho más común.

OCÚLTESE O DESLÚMBRELO
Los coloridos sapos de vientre de fuego suelen confiar en su excelente camuflaje (págs. 20-21) para ocultarse de sus enemigos. Si se enfrenta a un depredador sin posibilidad de escape, adopta una postura defensiva arqueando la espalda y mostrando los vivos colores de adver-tencia de las patas y el vientre.

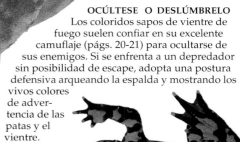

Sapo de vientre de fuego oriental

Sapo de vientre de fuego europeo

Sapo de vientre de fuego amarillo (ab.)

Parotoidea o glándula venenosa

GLÁNDULAS DE VENENO
Todos los sapos, como el verde europeo, tienen una glándula parotoidea, detrás de cada ojo. Si un depredador lo amenaza, exuda una secreción lechosa vene-nosa del poro de la glándula, misma que, mediante presión, puede arrojar un chorro de secreción a corta distancia. Si toca los ojos o el hocico del atacante, causa espasmos, una sensación de quemadura y dificultades cardiacas y respiratorias.

Las ranas y los sapos inflan los pulmones de aire si son molestados; si la amenaza aumenta, se yerguen sobre sus patas extendidas

Rana chilena de cuatro ojos en reposo

Glándula parotoidea

Rana chilena de cuatro ojos cuando está amenazada

Mancha ocular

SUSTO REPENTINO

La rana cuatro ojos chilena posee un par de manchas oculares glandulares en los flancos, normalmente cubiertas por las ancas cuando está en reposo. Si se le amenaza, revelará repentinamente estas manchas, lo que basta para asustar a casi cualquier enemigo. Esta "sorpresa" es reforzada por un veneno que secretan sus glándulas.

HE AQUÍ UN FARSANTE

Muchos anfibios se defienden con fanfarronerías, fingiendo que son diferentes de como son en realidad. Este sapo común europeo se alza sobre los dedos de los pies, con el cuerpo lleno de aire y la cabeza y el cuerpo echados hacia la culebra de collar. Esto lo hace parecer más grande de lo que es. Con las glándulas parotoideas como defensa de reserva, esta conducta convierte al sapo de una víctima, al parecer inofensiva, en un atacante agresivo y peligroso. Probablemente, la serpiente se marche y lo deje en paz.

CLIENTE ESPINOSO

El gallipato español tiene costillas aciculares, que pueden atravesar la piel. Esto enseña a cualquier presunto depredador una lección aguda.

Extremo agudo de la costilla

RANA TORO FEROZ

Esta rana Budgett de la Argentina puede parecer inofensiva, incluso divertida (ar.), pero la misma rana enojada puede parecer en verdad espantosa. Si la amenazan o provocan, abrirá la boca y gritará ruidosamente, emitirá gruñidos e incluso morderá a su enemigo.

POSTURA EXTRAÑA

La salamandra italiana de anteojos tiene dos formas de evitar a sus enemigos. Se finge muerta o encrespa la cola hacia adelante para mostrar el lado rojo brillante (ar.). Muchas otras especies de salamandra adoptan posturas aún más insólitas de defensa. Éstas son reforzadas con sustancias venenosas, secretadas por las glándulas en la superficie de la piel.

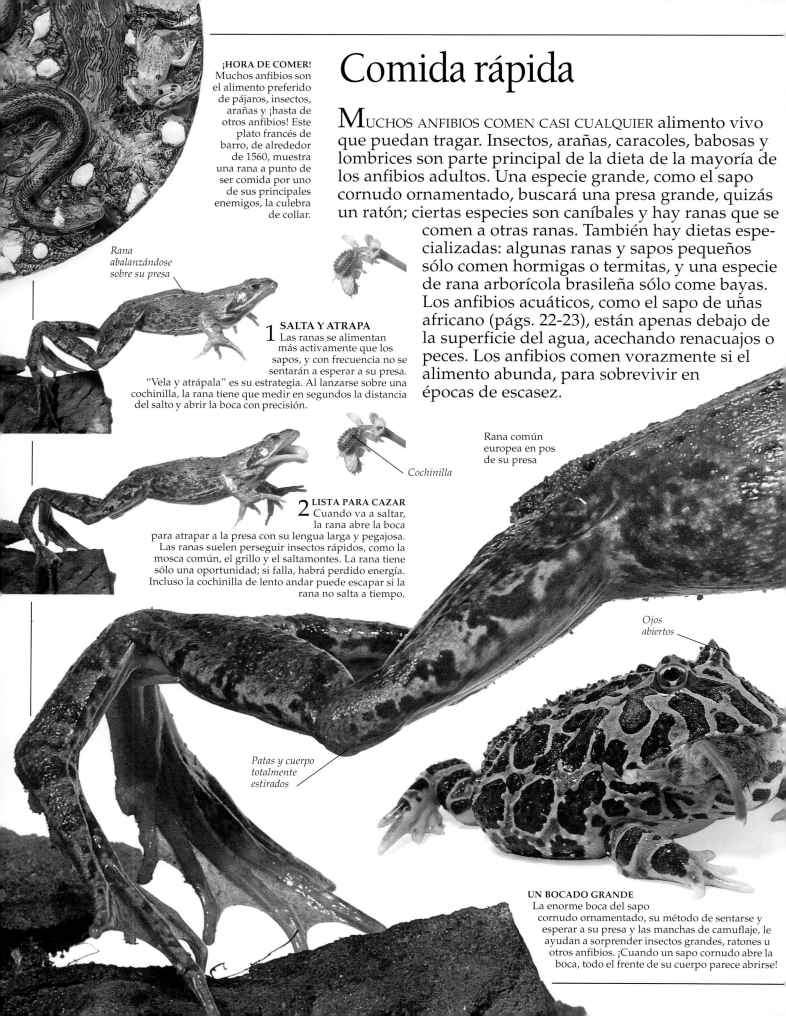

¡HORA DE COMER!
Muchos anfibios son el alimento preferido de pájaros, insectos, arañas y ¡hasta de otros anfibios! Este plato francés de barro, de alrededor de 1560, muestra una rana a punto de ser comida por uno de sus principales enemigos, la culebra de collar.

Comida rápida

Muchos anfibios comen casi cualquier alimento vivo que puedan tragar. Insectos, arañas, caracoles, babosas y lombrices son parte principal de la dieta de la mayoría de los anfibios adultos. Una especie grande, como el sapo cornudo ornamentado, buscará una presa grande, quizás un ratón; ciertas especies son caníbales y hay ranas que se comen a otras ranas. También hay dietas especializadas: algunas ranas y sapos pequeños sólo comen hormigas o termitas, y una especie de rana arborícola brasileña sólo come bayas. Los anfibios acuáticos, como el sapo de uñas africano (págs. 22-23), están apenas debajo de la superficie del agua, acechando renacuajos o peces. Los anfibios comen vorazmente si el alimento abunda, para sobrevivir en épocas de escasez.

Rana abalanzándose sobre su presa

1 SALTA Y ATRAPA
Las ranas se alimentan más activamente que los sapos, y con frecuencia no se sentarán a esperar a su presa. "Vela y atrápala" es su estrategia. Al lanzarse sobre una cochinilla, la rana tiene que medir en segundos la distancia del salto y abrir la boca con precisión.

Cochinilla

2 LISTA PARA CAZAR
Cuando va a saltar, la rana abre la boca para atrapar a la presa con su lengua larga y pegajosa. Las ranas suelen perseguir insectos rápidos, como la mosca común, el grillo y el saltamontes. La rana tiene sólo una oportunidad; si falla, habrá perdido energía. Incluso la cochinilla de lento andar puede escapar si la rana no salta a tiempo.

Rana común europea en pos de su presa

Ojos abiertos

Patas y cuerpo totalmente estirados

UN BOCADO GRANDE
La enorme boca del sapo cornudo ornamentado, su método de sentarse y esperar a su presa y las manchas de camuflaje, le ayudan a sorprender insectos grandes, ratones u otros anfibios. ¡Cuando un sapo cornudo abre la boca, todo el frente de su cuerpo parece abrirse!

LENTO, LENTO, APRISA...

Tritones, salamandras y cecilias suelen comer animales blandos, que se mueven con lentitud, como esta lombriz. Se acercan a la presa lentamente, luego, en el último momento, la atrapan con un movimiento rápido, girando la cabeza a un lado y sujetando el alimento con los dientes de sus mandíbulas.

Cochinilla

El párpado comienza a cerrarse

La lengua sale disparada hacia el frente de la boca

Salamandra mandarina comiendo una lombriz

3 UN BUEN GOLPE

Con la precisión de un misil dirigido, la lengua de la rana sale súbitamente de su boca abierta y atrapa a la cochinilla.

Un suculento gusano de la harina

Mira a su presa

SACA LA LENGUA

El niño sopla un "espantasuegras", que se desenrolla y enrolla por el aire que pasa por su interior, pero una rana o un sapo proyecta lejos la lengua porque los músculos de su boca la impulsan.

VELO, MÍRALO, CÓMELO

Los sapos son muy cuidadosos con lo que comen. La atención de este sapo común ha sido atraída por un gusano de la harina. El sapo gira su cabeza hacia la presa, mirándola atento. Algunos sapos pueden acechar a su presa arrastrándose con movimientos felinos. De pronto, el sapo se inclina sobre el gusano, saca la lengua rápidamente y el gusano desaparece. Mientras se lo traga parpadea y la presión de los globos oculares lo ayuda a engullírselo.

Este sapo cornudo ornamentado cierra firmemente los ojos mientras traga a su presa

Se prepara para la acción

Saca la lengua

...NECESARIO PARA ENGULLIR

Al cerrarse, el ojo es empujado hacia abajo, lo que aumenta la presión en la boca, para que el sapo degluta su alimento.

Todo, excepto la cola, ha desaparecido

... y el gusano desaparece

El sapo parpadea mientras traga

Dos ranas arbóreas
norteamericanas

ENTRE LOS ÁRBOLES

Para muchas especies de ranas arbóreas (págs. 50-53), un tono de verde basta como camuflaje. Una franja o puntos amarillos laterales pueden semejar la luz del sol en una hoja.

ESTRATEGIA INUSUAL

Esta rana de Brasil tiene una forma inédita de camuflaje: semeja excremento de ave arrojado en una piedra.

LÍNEA ROTA

Muchos anfibios tienen una línea más clara a lo largo del dorso o los costados que deforma su cuerpo fácilmente visible. En algunas especies, como la rana ribereña de Gray, puede ser muy ancha.

IMITADOR DE LA HOJA

Este sapo cornudo asiático es uno de los ejemplos más finos del arte del camuflaje entre los anfibios. Su cuerpo aplanado y su color se complementan de manera excelente con las hojas secas o el mantillo del bosque. La piel forma dobleces, proyectándose sobre los ojos, y en la punta del hocico adquiere forma de hoja, mientras que los bordes semejan las orillas de las hojas.

VISIÓN DEL DISEÑO

Encontrar un sapo pantera africano contra un fondo de colorido semejante al suyo es muy difícil. Cuando esto ocurre (d.) y el sapo se queda totalmente quieto, resulta casi invisible.

Sapo cornudo asiático sobre hojas

El juego del escondite

LOS ANFIBIOS SON MAESTROS del "camuflaje", el arte de ocultarse a sí mismo. Tienen una capacidad excepcional para usar sus colores y manchas (págs. 14-15) para ocultarse o confundirse con los entornos naturales. Esto los ayuda a no ser vistos, por sus presas o sus depredadores. También pueden usar la textura de su piel. Algunas especies tienen dobleces o flecos de piel que bordean su cuerpo y lo hacen confundirse con objetos propios de su ambiente, o producen una forma irregular, que dificulta aún más a los depredadores localizar a su presa. Ya sea que se quede quieto o que adopte alguna postura, aumenta la ilusión de que el anfibio se "funde" con el fondo que lo rodea.

Sapo pantera
africano sobre corteza

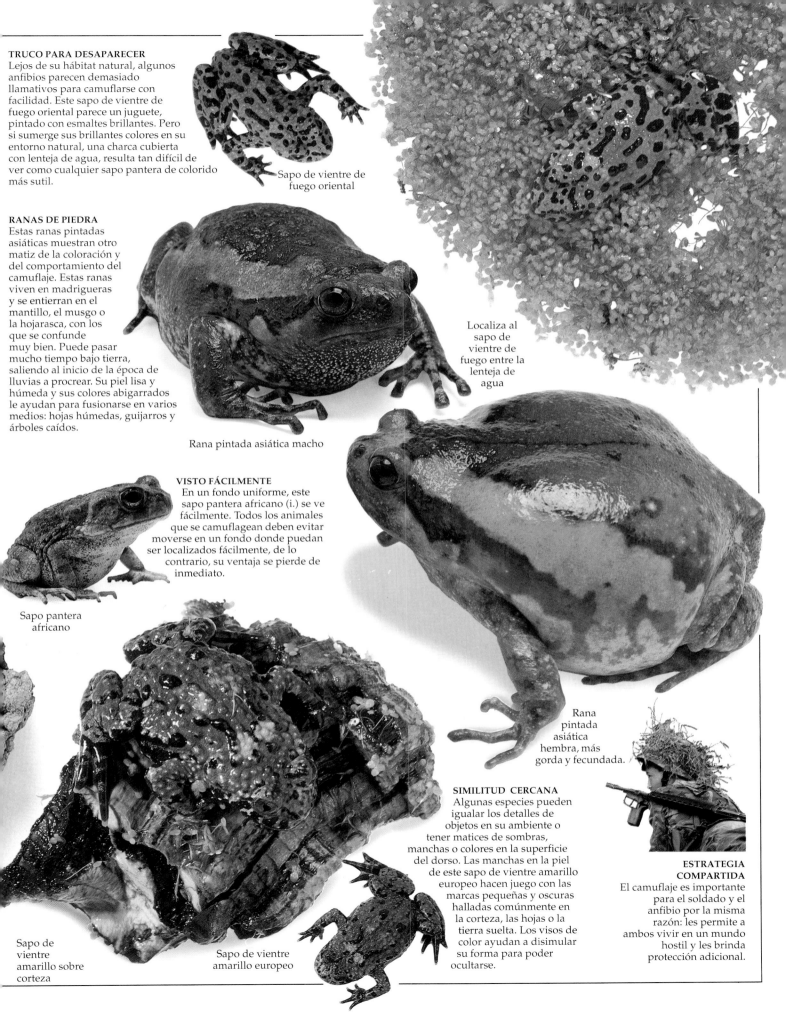

TRUCO PARA DESAPARECER

Lejos de su hábitat natural, algunos anfibios parecen demasiado llamativos para camuflarse con facilidad. Este sapo de vientre de fuego oriental parece un juguete, pintado con esmaltes brillantes. Pero si sumerge sus brillantes colores en su entorno natural, una charca cubierta con lenteja de agua, resulta tan difícil de ver como cualquier sapo pantera de colorido más sutil.

Sapo de vientre de fuego oriental

RANAS DE PIEDRA

Estas ranas pintadas asiáticas muestran otro matiz de la coloración y del comportamiento del camuflaje. Estas ranas viven en madrigueras y se entierran en el mantillo, el musgo o la hojarasca, con los que se confunde muy bien. Puede pasar mucho tiempo bajo tierra, saliendo al inicio de la época de lluvias a procrear. Su piel lisa y húmeda y sus colores abigarrados le ayudan para fusionarse en varios medios: hojas húmedas, guijarros y árboles caídos.

Rana pintada asiática macho

Localiza al sapo de vientre de fuego entre la lenteja de agua

VISTO FÁCILMENTE

En un fondo uniforme, este sapo pantera africano (i.) se ve fácilmente. Todos los animales que se camuflagean deben evitar moverse en un fondo donde puedan ser localizados fácilmente, de lo contrario, su ventaja se pierde de inmediato.

Sapo pantera africano

Rana pintada asiática hembra, más gorda y fecundada.

SIMILITUD CERCANA

Algunas especies pueden igualar los detalles de objetos en su ambiente o tener matices de sombras, manchas o colores en la superficie del dorso. Las manchas en la piel de este sapo de vientre amarillo europeo hacen juego con las marcas pequeñas y oscuras halladas comúnmente en la corteza, las hojas o la tierra suelta. Los visos de color ayudan a disimular su forma para poder ocultarse.

Sapo de vientre amarillo sobre corteza

Sapo de vientre amarillo europeo

ESTRATEGIA COMPARTIDA

El camuflaje es importante para el soldado y el anfibio por la misma razón: les permite a ambos vivir en un mundo hostil y les brinda protección adicional.

Sentidos y supervivencia

COMO OTROS ANIMALES, LOS ANFIBIOS TIENEN cinco sentidos básicos: tacto, gusto, vista, oído y olfato. También pueden detectar la luz ultravioleta e infrarroja, y el campo magnético de la tierra. El tacto les permite percibir la temperatura y el dolor, y responder a irritantes, como los ácidos en el ambiente. Estos animales de sangre fría y piel porosa deben responder rápido a los cambios externos. En las especies terrestres un cambio repentino de temperatura puede causarles la muerte por deshidratación o congelamiento. Sus sentidos también pueden ayudarlos a hallar comida o pareja y a evitar ser devorado.

Tentáculo

UN ÓRGANO MISTERIOSO
Las cecilias tienen un pequeño tentáculo que emerge debajo del ojo. Se desconoce cuál es su función, pero puede ser el tacto (vibraciones) o el olfato (para hallar pareja, depredadores o alimento).

MIDIENDO LA PRESIÓN
Las ranas acuáticas tienen un sistema sensor en línea lateral para detectar los cambios de presión de objetos en reposo o en movimiento dentro del agua. El órgano sensor o placa se ve con facilidad en la cabeza y los costados del sapo de uñas africano.

Línea lateral o placa

Línea lateral

Ojo de salamandra mandarina (ab.)

Ojo de tritón marmóreo (ab.)

VISTA Y OLFATO
Las especies terrestres, como la salamandra mandarina (i.), necesitan buena vista para localizar a sus presas con poca luz, en tanto que los tritones marmóreos (ab., d.), usan la vista y el olfato para hallar alimento. Ellas reaccionan con más rapidez en el agua, igual que los tritones, lo que demuestra que el olfato es más útil en un medio acuático.

RENACUAJO
Tritones acuáticos, salamandras, sirenas y larvas de anfibios, como este renacuajo de rana toro americana, también tienen sistemas de línea lateral. Su posición y desarrollo varía en las distintas especies.

DEDOS DELICADOS

Los sapos de Surinam, del este y norte de Sudamérica, pasan su vida en el agua. Tienen dedos largos, delgados y tubulares que usan para atrapar y llevar presas a su boca. Las puntas de los dedos tienen forma de estrella con 8 (o 16) puntas suaves y finas dispuestas en pares ramificados. Los dedos están cubiertos de espinitas que ayudan a un adulto a sujetar presas viscosas, como los peces. Las puntas en forma de estrella sólo están desarrolladas en los adultos y son diferentes aun en especies cercanas.

(1) Pupila vertical de rana arbórea de ojos rojos

CONTROL DE TEMPERATURA

Los anfibios pierden agua corporal rápidamente por evaporación en condiciones calurosas o secas. Pueden percibir la temperatura o repentinas sequías a través de la piel, y controlar su temperatura corporal al asolearse si hace demasiado frío, o refrescarse si hace mucho calor. Esta rana de carrizal sudamericana está reduciendo el área de su cuerpo expuesta al sol al plegar sus patas.

(2) Pupila en forma de corazón del sapo de vientre de fuego oriental

PUPILAS PERFECTAS

El color de ojos y la forma de la pupila varían mucho en las ranas: vertical (1) ; de gato, para la visión nocturna o responder rápidamente a las cambiantes condiciones de luz; en forma de corazón (2) ; horizontal (3), la pupila más común para la visión normal con luz de día; y redonda (4) , como la de los tritones y las salamandras.

(3) Pupila horizontal del sapo arborícola asiático

Oreja de la rana toro americana

(4) Pupila redonda de la rana del tomate de Madagascar

OREJAS GRANDES

El oído es uno de los sentidos más importantes de las ranas. El tamaño de las orejas y la distancia entre ellas se relacionan con la longitud de onda y la frecuencia de la llamada del macho.

EL DULCE AROMA DEL AMOR

Los tritones tienen una conducta de cortejo compleja: el macho segrega de la glándula cloacal, en la base de la cola, unas sustancias llamadas "feromonas" y utiliza la cola para hacerlas llegar hasta la hembra.

Saltos y brincos

Sɪ PIENSAS EN LAS RANAS, es posible que las imagines dando brincos y saltos. Pero no todas las ranas pueden saltar –caminan, se arrastran o brincan distancias cortas, incluso algunas ranas arbóreas pueden "volar" de árbol en árbol (págs. 50-51). Casi todas éstas tienen discos pegajosos con ventosas o almohadillas en las manos y los pies para sujetarse. El modo como se mueven se relaciona en parte con la longitud de sus patas: las de patas cortas, caminan, se arrastran o dan saltos cortos, mientras que las de patas largas dan saltos extendidos. Su conducta también afecta el modo como se mueven: caminan lentamente, acechando su alimento, o saltan lejos para huir de sus enemigos. Para cualquier rana, la mejor manera de escapar es saltando hacia el refugio más cercano, de preferencia el agua. Pero ya ahí, las ranas adultas nadan distinto de los renacuajos. Su forma de vida y capacidad de atrapar presas veloces han convertido a ranas y sapos en el grupo de anfibios más exitoso en ese sentido (págs. 42-45).

GRAN DIVERSIÓN
Estos niños se divierten saltando como ranas, pero para las ranas verdaderas los saltos tienen un propósito serio: saltan así para capturar su alimento o escapar del peligro.

Pata estirada en toda su extensión

Ojo cerrado para protección

Joroba aún visible

UNO, DOS, TRES, ¡SALTA!
Esta rana leopardo americana muestra cómo se da un salto largo con gracia. Cuando una rana descansa en el suelo, se sienta con las patas dobladas. Una vez que decide saltar, la sección del talón, especialmente modificada por encima de los pies (págs. 10-11), y los poderosos músculos de las patas traseras entran en acción. Antes de iniciar el salto, la rana tensa los músculos de las patas y presiona los pies en la tierra. El salto ha comenzado.

La rana leopardo americana se prepara para despegar

Pata posterior derecha que se prepara al paso adelante

Pie que presiona en la tierra

Músculos tensos del anca

Pata delantera abajo y hacia atrás

El sapo verde macho (2.3 pulg, 6.5 cm) inicia la marcha

CORRA, NO CAMINE
Las ranas corredoras africanas (págs. 44-45) viven entre montículos de tierra, un hábitat en donde una rana saltadora puede enredarse en los tallos de la hierba o saltar hacia un depredador. Así, es menos peligroso caminar o correr con el cuerpo levantado de la tierra para evitar los obstáculos.

Rana corredora africana (1.2 pulg, 3 cm) en posición baja, lista para correr

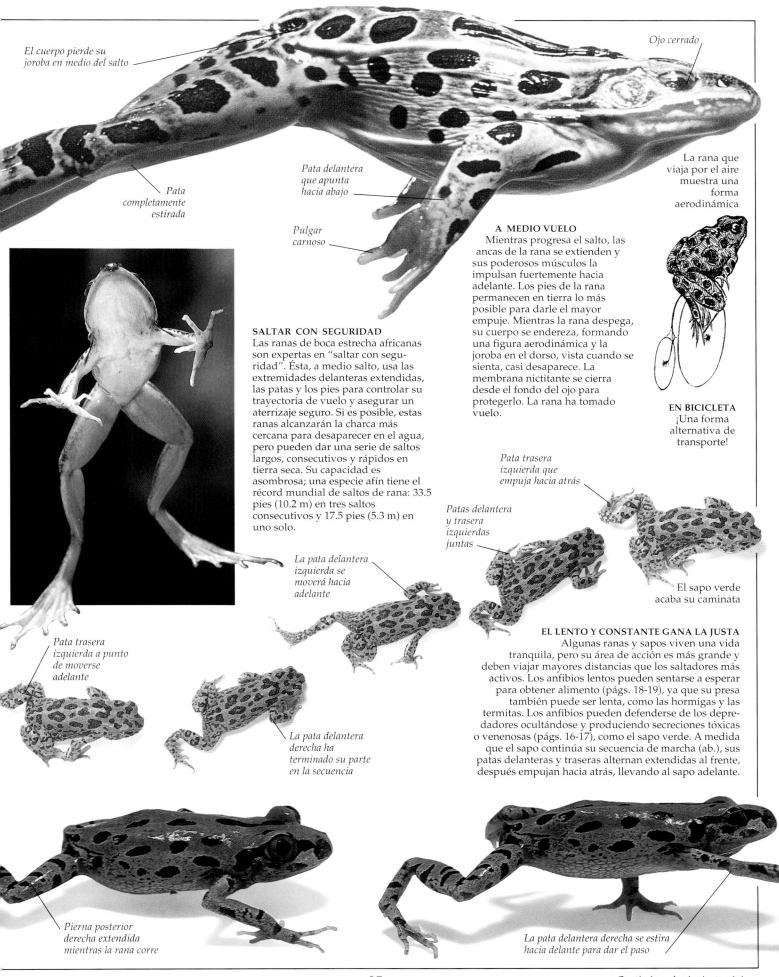

El cuerpo pierde su
joroba en medio del salto

Pata
completamente
estirada

Pata delantera
que apunta
hacia abajo

Pulgar
carnoso

Ojo cerrado

La rana que
viaja por el aire
muestra una
forma
aerodinámica

A MEDIO VUELO
Mientras progresa el salto, las ancas de la rana se extienden y sus poderosos músculos la impulsan fuertemente hacia adelante. Los pies de la rana permanecen en tierra lo más posible para darle el mayor empuje. Mientras la rana despega, su cuerpo se endereza, formando una figura aerodinámica y la joroba en el dorso, vista cuando se sienta, casi desaparece. La membrana nictitante se cierra desde el fondo del ojo para protegerlo. La rana ha tomado vuelo.

EN BICICLETA
¡Una forma
alternativa de
transporte!

SALTAR CON SEGURIDAD
Las ranas de boca estrecha africanas son expertas en "saltar con seguridad". Ésta, a medio salto, usa las extremidades delanteras extendidas, las patas y los pies para controlar su trayectoria de vuelo y asegurar un aterrizaje seguro. Si es posible, estas ranas alcanzarán la charca más cercana para desaparecer en el agua, pero pueden dar una serie de saltos largos, consecutivos y rápidos en tierra seca. Su capacidad es asombrosa; una especie afín tiene el récord mundial de saltos de rana: 33.5 pies (10.2 m) en tres saltos consecutivos y 17.5 pies (5.3 m) en uno solo.

Pata trasera
izquierda que
empuja hacia atrás

Patas delantera
y trasera
izquierdas
juntas

El sapo verde
acaba su caminata

La pata delantera
izquierda se
moverá hacia
adelante

Pata trasera
izquierda a punto
de moverse
adelante

La pata delantera
derecha ha
terminado su parte
en la secuencia

EL LENTO Y CONSTANTE GANA LA JUSTA
Algunas ranas y sapos viven una vida tranquila, pero su área de acción es más grande y deben viajar mayores distancias que los saltadores más activos. Los anfibios lentos pueden sentarse a esperar para obtener alimento (págs. 18-19), ya que su presa también puede ser lenta, como las hormigas y las termitas. Los anfibios pueden defenderse de los depredadores ocultándose y produciendo secreciones tóxicas o venenosas (págs. 16-17), como el sapo verde. A medida que el sapo continúa su secuencia de marcha (ab.), sus patas delanteras y traseras alternan extendidas al frente, después empujan hacia atrás, llevando al sapo adelante.

Pierna posterior
derecha extendida
mientras la rana corre

La pata delantera derecha se estira
hacia delante para dar el paso

25

Continúa en la siguiente página

*Patas posteriores
totalmente estiradas*

¡ZAMBULLIDA!
Mientras desciende al agua, la rana lleva las
extremidades delanteras hacia atrás y las
patas rectas con los dedos del pie en punta.
Ahora el cuerpo de la rana es casi
aerodinámico y, conforme desciende en el
agua, halla poca resistencia del aire.

*Color crema característico
en la mandíbula superior y
los costados del cuerpo*

Dentro y fuera del agua

El agua es esencial en la vida de las ranas. Muchas
especies vuelven al agua para aparearse, desovar y
fecundar sus huevos (págs. 32-33) o pasar por las etapas de
renacuajo (págs. 38-39) antes de convertirse en adultos terrestres.
Como el agua es más densa que el aire, para una rana representa mayor
esfuerzo moverse en el agua que en la tierra. Las ranas que viven en aguas
vivas, donde hay peligro de ser arrastrado por la corriente, han desarrollado
dedos especiales para asirse a las plantas o las piedras. Por eso, los renacuajos
tienen el cuerpo plano, para que el agua fluya por encima, y grandes bocas de
succión, con las que pueden agarrarse a las rocas. Ya en el agua, una rana debe
superar la tensión superficial del agua para salir de ella. La rana leopardo americana usa
los fuertes músculos de sus patas para saltar fuera del agua, mientras que las ranas arbóreas trepan con ayuda de las poderosas almohadillas de succión en sus dedos (págs. 50-53).

*Patas posteriores que
patalean fuera y abajo al
mismo tiempo*

Un sapo vientre de
fuego oriental nadando

*Las rodillas
se encogen*

*Patas
delanteras
extendidas
hacia atrás*

RANAS Y SAPOS NADADORES
Cuando las ranas y los sapos nadan, encogen las patas
posteriores junto al cuerpo; luego, para avanzar las estiran con
fuerza hacia atrás en línea recta. Para ayudar a este movimiento de
avance pegan sus patas delanteras a los costados en una línea
hidrodinámica. El estilo de pecho que practica la gente en la
natación se hace de esta forma. Los renacuajos nadan como los
tritones y las salamandras acuáticas (págs. 28-29), con sus
miembros recientemente formados apretados a los costados del
cuerpo. Cuando un renacuajo se convierte en rana, pierde la cola
y aprende a nadar con las patas. El cuerpo de la ranita es muy
corto como para que siga nadando como renacuajo, "en
forma de S", así que las patas posteriores deben
fortalecerse lo suficiente para impulsarlo en el agua.

*Las patas
delanteras se
pegan al cuerpo*

*Flota libremente
cuando descansa*

*Las patas delanteras y
traseras se mueven al
mismo tiempo*

*Las patas delanteras se
estiran adelante; las
posteriores patalean
hacia afuera*

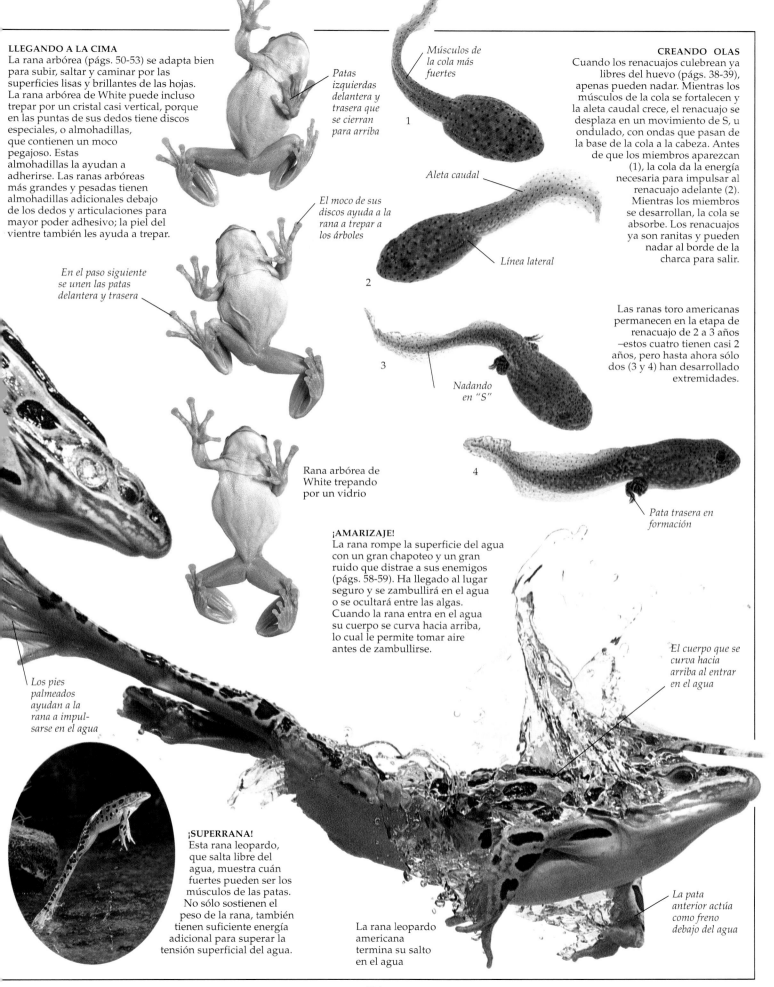

LLEGANDO A LA CIMA

La rana arbórea (págs. 50-53) se adapta bien para subir, saltar y caminar por las superficies lisas y brillantes de las hojas. La rana arbórea de White puede incluso trepar por un cristal casi vertical, porque en las puntas de sus dedos tiene discos especiales, o almohadillas, que contienen un moco pegajoso. Estas almohadillas la ayudan a adherirse. Las ranas arbóreas más grandes y pesadas tienen almohadillas adicionales debajo de los dedos y articulaciones para mayor poder adhesivo; la piel del vientre también les ayuda a trepar.

Patas izquierdas delantera y trasera que se cierran para arriba

El moco de sus discos ayuda a la rana a trepar a los árboles

En el paso siguiente se unen las patas delantera y trasera

Rana arbórea de White trepando por un vidrio

Músculos de la cola más fuertes

1

Aleta caudal

Línea lateral

2

3

Nadando en "S"

4

Pata trasera en formación

CREANDO OLAS

Cuando los renacuajos culebrean ya libres del huevo (págs. 38-39), apenas pueden nadar. Mientras los músculos de la cola se fortalecen y la aleta caudal crece, el renacuajo se desplaza en un movimiento de S, u ondulado, con ondas que pasan de la base de la cola a la cabeza. Antes de que los miembros aparezcan (1), la cola da la energía necesaria para impulsar al renacuajo adelante (2). Mientras los miembros se desarrollan, la cola se absorbe. Los renacuajos ya son ranitas y pueden nadar al borde de la charca para salir.

Las ranas toro americanas permanecen en la etapa de renacuajo de 2 a 3 años –estos cuatro tienen casi 2 años, pero hasta ahora sólo dos (3 y 4) han desarrollado extremidades.

¡AMARIZAJE!

La rana rompe la superficie del agua con un gran chapoteo y un gran ruido que distrae a sus enemigos (págs. 58-59). Ha llegado al lugar seguro y se zambullirá en el agua o se ocultará entre las algas. Cuando la rana entra en el agua su cuerpo se curva hacia arriba, lo cual le permite tomar aire antes de zambullirse.

El cuerpo que se curva hacia arriba al entrar en el agua

Los pies palmeados ayudan a la rana a impulsarse en el agua

¡SUPERRANA!

Esta rana leopardo, que salta libre del agua, muestra cuán fuertes pueden ser los músculos de las patas. No sólo sostienen el peso de la rana, también tienen suficiente energía adicional para superar la tensión superficial del agua.

La rana leopardo americana termina su salto en el agua

La pata anterior actúa como freno debajo del agua

27

Continúa en la siguiente página

En cuatro patas

Los tritones y las salamandras (págs. 46-49) suelen moverse con
lentitud cuando caminan o reptan en tierra, bajo tierra, en los árboles o en
el fondo de las charcas, pero pueden moverse rápidamente para escapar del
peligro. Hay especies que pueden nadar y escarbar: las salamandras topo y tigre
excavan con las patas, y los tritones acuáticos, cuyo macho realiza una exhibición de
cortejo acuática frente a la hembra (págs. 34-35). Algunas salamandras, con pies
palmeados y rechonchos viven entre las hierbas, los arbustos e incluso en lo alto de los
árboles. Nunca se ha encontrado una salamandra "voladora", pero algunas "saltan" cuando se
asustan. Las cecilias, sin patas, deben excavar y un grupo de ellas vive en el agua.

*Cola
curvada
a la
izquierda*

TRITONES NADADORES

Nadar requiere muchos movimientos de patas, cuerpo y cola. Los tritones flotan con las
piernas extendidas y el cuerpo ligeramente inflado de aire. Hacen movimientos lentos,
usando las pata como si fueran los remos de un bote para dos personas. Para moverse rápido
se impulsan sólo con las patas anteriores o con las posteriores, a veces alternadamente, a
veces al mismo tiempo. Los movimientos rápidos para nadar y escapar también implican una
rápida flexión del cuerpo y un azote de la cola de lado a lado. Mirar nadar a un tritón dice
mucho acerca de lo que hacen y cómo se comportan.

*Pie en
posición
adelantada
listo para el
paso
siguiente*

Tritón vientre de
fuego nadando

*Pie en posición
adelantada listo para
presionar la tierra y
empujar al animal
adelante*

*La cola
está recta*

*El pie
empuja el
cuerpo
adelante*

*La cola se curva a
la derecha,
ayudando al
equilibrio de la
salamandra*

Andar de la salamandra
de fuego europea

*El pie que presiona contra la
tierra empuja el cuerpo de la
salamandra para
avanzar*

*El pie se
adelanta*

*Este pie
empuja el
cuerpo adelante*

1 ADELANTE Y ARRIBA

La salamandra de fuego europea camina lentamente, como casi
todas las salamandras. Las patas se mueven en un patrón alterno y
opuesto, lo que significa que levanta y adelanta el pie anterior de un
lado, al mismo tiempo que el pie posterior del otro lado. Mantiene
los otros dos pies en la misma posición en la tierra,
empujando el cuerpo adelante, lista para seguir.

28

Pie listo para levantarse en el paso siguiente

Pie en posición adelantada listo para empujar el cuerpo adelante

Pie en posición adelantada listo para empujar el cuerpo hacia adelante

Pie listo para levantarse y moverse adelante

3 MARCHA DE AVANCE
El tercer paso termina la secuencia con el pie anterior izquierdo y el pie posterior derecho juntos y los otros dos pies inmóviles. Así como lo empuja adelante, este patrón de marcha alterno y opuesto empuja el centro del cuerpo de la salamandra de un lado a otro. Este movimiento oscilante aumenta la velocidad del paso y es parecido al de un bebé gateando.

Pie por levantarse y moverse adelante

CECILIAS ONDULANTES
La mayoría de las cecilias viven en tierra blanda o en el mantillo de la selva húmeda tropical. Cerca de 20 especies han vuelto al agua y nadan con movimientos ondulantes, como el de arriba. Todas las cecilias pueden excavar –meten la cabeza en el suelo, abriendo un agujero con movimientos del cuello. Así pueden avanzar "nadando" a través del suelo (con movimientos ondulados que atraviesan todo su cuerpo), o usar un movimiento especial de gusano, como de acordeón, en el que doblan la espina dorsal (págs. 10-11) dentro del cuerpo.

Pie en posición adelantada, listo para el paso siguiente

2 EL SIGUIENTE PASO
Con el paso siguiente, el pie anterior derecho y el posterior izquierdo de la salamandra se acercan, mientras que los otros dos pies permanecen en la misma posición en tierra, preparándose a empujar el cuerpo hacia adelante.

El pie que presiona la superficie se alista para empujar el cuerpo adelante

Pie listo para levantarse

Pie listo para levantarse y dar el paso siguiente

Pie que presiona abajo

Pie listo para levantarse y dar el siguiente paso

Pie que presiona hacia abajo

LA MARCHA DEL TRITÓN
Cuando están en tierra y se mueven con lentitud, los tritones caminan parecido a las salamandras. Esta vista desde abajo muestra cuál pie comprime activamente la superficie, empujando al tritón hacia adelante, y cuál levanta de la superficie antes de bajarlo de nuevo. Cuando está en el agua es más ligero y boyante (como alguien en una piscina), y a menudo usa sólo las puntas de los dedos para desplazarse por el fondo fangoso de una charca.

Vista ventral, que muestra cómo camina un tritón

Pie listo para levantarse e impulsar el cuerpo adelante

Tubérculo
grande para
cavar

Rana
pintada
asiática

Todos los dedos

Las patas, las manos y los pies de un anfibio dan pistas valiosas acerca de sus hábitos y estilo de vida. Una mirada detenida a sus patas delanteras y traseras puede revelar lo que hace: si brinca, salta, camina, corre, se arrastra, cava, trepa o incluso "vuela" (págs. 50-51). Las manos y los pies también pueden indicar donde viven: las ranas arbóreas tienen discos en los dedos; las que vuelan tienen discos en los dedos completamente palmeados; las ranas y los sapos acuáticos, así como las salamandras arbóreas, tienen pies muy anchos y palmeados, y las ranas excavadoras tienen dedos cortos en las manos y proyecciones de piel en los pies.

MANO TREPADORA, PIE EXCAVADOR
Esta inusual vista lateral de una rana pintada asiática muestra lo bien adaptada que está a la vida de la selva. Tiene manos grandes y dedos largos con discos en las puntas para trepar, y dos tubérculos grandes en cada pie para excavar (págs. 54-55).

Sapo de
uñas
africano

Uña
para asirse

Hueso
"adicional"
en los dedos
de manos y
pies

Rana
paradójica

Disco
viscoso
para asirse
a las hojas

Rana
arbórea
de White

UNA VIDA SUBACUÁTICA
Las manos estrechas y los dedos largos del sapo de uñas le sirven para llevarse el alimento a la boca. Las uñas se agarran bien de las superficies y los pies palmeados facilitan su nado en los lagos tropicales de África.

RANA CONFUSA
La rana paradójica sudamericana tiene una vida extraña. No sólo el renacuajo crece más grande que la rana adulta, sino que todos los dedos del adulto tienen un hueso adicional que alarga las manos y los pies.

UN BUEN TREPADOR
La mayoría de las ranas arbóreas (págs. 50-53), por ejemplo, la rana arbórea de White, de Australia, tiene extremidades adaptadas para trepar. Sus manos y pies grandes cubren un espacio amplio para poder sujetar áreas mayores de hojas y ramas, y las almohadillas de los dedos las ayudan a asirse.

Pies
palmeados
para nadar

Disco que forma
un círculo casi
perfecto

UN GRAN EXCAVADOR
Los dedos gordos y cortos, y los tubérculos en forma de espada de los pies de esta rana toro africana son adaptaciones para excavar (págs. 54-55). Pasa hasta 10 meses al año bajo tierra.

Rana toro africana

PICO DE PATO

La cabeza de esta rana arbórea de Belice puede ser rara, pero las manos y los pies son como los de las demás ranas arbóreas (págs. 50-53), con dedos largos que terminan en discos o almohadillas pegajosas. El ángulo inusual en la punta de cada dedo, sobre cada disco redondeado, es cartílago, un material elástico resistente que permite que los dos últimos huesos del dedo resbalen uno sobre otro. Estos discos permiten que la rana prolongue su contacto con la superficie de un árbol o de una hoja, incluso si mueve una mano o un pie.

Forma inusual de cabeza

Pie pequeño con dedos cortos

Tritón de cola de pala

Pie completamente palmeado para nadar con rapidez

Tritón palmeado

Salamandra mandarina

Pie aplanado para cavar

CUATRO PIES

Estos cuatro pies dan idea de la variedad en los pies de tritones y salamandras. Algunas especies, las trepadoras y las acuáticas que viven en superficies resbaladizas, como los tritones de cola de pala, tienen pies chicos y completamente palmeados con dedos muy cortos, a veces dentro de la membrana. Los tritones palmeados machos tienen pies palmeados (págs. 48-49). Las salamandras mandarina y tigre tienen pies más aplanados que palmeados para excavar.

Salamandra tigre

Pie muy poco palmeado

Cartílago adicional que la ayuda a sostenerse más tiempo

Muchas salamandras y tritones tienen cuatro dedos en las manos y cinco en los pies

Abrazos amorosos

LAS RANAS Y LOS SAPOS VIVEN en una gran variedad de
hábitats; sin importar la naturaleza de éste –tierra, agua,
árboles o bajo tierra– tienen que hallar una pareja
conveniente y las condiciones idóneas para desovar
(págs. 36-37). Hallar pareja, cortejarla, y acoplarse
son los tres pasos necesarios para que ocurra el
desove. En la mayoría de las especies, los
machos tienen una llamada de celo
distintiva que atrae a las hembras, pero
también puede atraer a los
depredadores, siempre interesados en
su alimento favorito. La conducta de
celo ayuda a identificar al compañero
como miembro de la misma especie. El
amplexo, el abrazo de
acoplamiento, coloca al macho en
la posición correcta para fertilizar
los huevos de la hembra. La
fertilización suele ocurrir mientras
se ponen los huevos. Una vez
encontrado el sitio adecuado, el
desove comienza.

BROCHE DE RANA
Las ranas y los
sapos son temas
populares de
muchos diseños,
como este
netsuke japonés
de marfil del
siglo XVII, usado
en un kimono.

CANTANDO Y LUCHANDO
Muchas ranas, como la rana veneno
de flecha fresa de América Central,
llaman y defienden su territorio,
hecho llamado *lekking*. El macho
llama desde un lugar ventajoso (ar.) y
luchará con cualquier intruso.

ABRAZO DE SAPO
Los sapos comunes inician su
abrazo de acoplamiento, o
amplexo, fuera del agua, el
macho, más chico, es llevado a la
charca de cría por una hembra
más grande. El desove y la
fertilización se harán en el agua.

*Macho sujetando a la hembra
con sus patas delanteras*

Amplexo
en tierra
de sapos
comunes
hembra y
macho

ATADO A USTED
Esta rana de la lluvia sudafricana todavía no se
"adhiere" a su enorme pareja; cuando lo haga, colocará
las palmas hacia afuera. La diferencia de tamaño y la
forma pegajosa de amplexo evita que el macho se caiga en
los túneles donde la hembra desova.

Saco vocal bilobulado de la rana macho;
los sacos pueden estar solos o en pares

Rana llamando
debajo del agua

EL PROBLEMA CON LA PUBLICIDAD
El enorme saco vocal de la rana tungara puede inflarse casi del tamaño
de su cuerpo. La rana tungara es común
en México y Centro y Sudamérica, y debe su
nombre a su llamado: un fuerte gemido que
suena "tung", seguido por dos "ara". Sin
embargo, para cualquier macho (las hembras
raramente llaman), anunciar su presencia
puede tener desventajas, como atraer a
los depredadores junto con las hembras. Las ranas tungara a veces son
comida de los murciélagos (págs.
58-59) que habitan en sitios
cercanos a donde ocurre el
llamado.

Las ranas
tungara, machos
o hembras,
baten agua y
moco para
construir un
nido de espuma
que proteja y
rodee la nidada
de huevos

Macho

Hembra

Rana tungara macho

UN FUERTE ABRAZO
Esta rana macho común sujeta a la hembra con las
patas delanteras, apretando las manos contra su
pecho, una forma común de amplexo o abrazo de
acoplamiento. En otras especies las hembras son
sujetadas alrededor de la cintura, adelante de las
patas traseras, o incluso de la cabeza.

Macho y hembra de rana
común en amplexo, en el agua

Almohadilla
nupcial

**COJINES DEL
PULGAR**
Muchas ranas y sapos machos
tienen almohadillas nupciales
(piel endurecida en los pulga-
res) para aferrarse a la hembra.

SOCIO DURMIENTE
Una hembra de rana arbórea de
ojos rojos le responde a un macho. Él sube sobre ella, se sujeta
y es llevado al sitio elegido.

La exhibición del cortejo

EL CORTEJO Y EL ACOPLAMIENTO, en la mayoría de los tritones y salamandras, implican una exhibición compleja del macho o la hembra. El macho tiene que encontrar una hembra de la misma especie y llevarla a un paquete de esperma, o espermatóforo, que él deposita en tierra o en una charca. La fecundación suele ser interna y la hembra recoge el paquete con la cloaca u órgano reproductor. En las salamandras primitivas, como las gigantes (págs. 48-49), la hembra pone los huevos y el macho deposita en ellos el esperma. Las cecilias tienen un tipo especial de fecundación interna, donde el macho inserta el extremo de su cloaca en la de la hembra.

MACHO PALMEADO
Aunque le falta la enorme cresta, tan dramática entre ellos, el tritón palmeado macho se distingue de la hembra: tiene glándulas cloacales hinchadas, patas posteriores palmeadas y cola puntiaguda, pero carece de aleta.

Glándula cloacal hinchada

Pie palmeado

Tritón palmeado macho

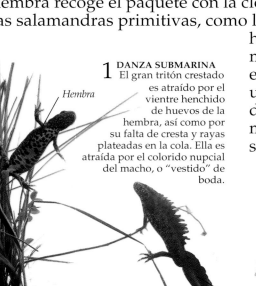

1 DANZA SUBMARINA
El gran tritón crestado es atraído por el vientre henchido de huevos de la hembra, así como por su falta de cresta y rayas plateadas en la cola. Ella es atraída por el colorido nupcial del macho, o "vestido" de boda.

Hembra

¿UNA SALAMANDRA VAMPIRO?
La salamandra oscura de montaña macho no es vampiro, está raspando la piel de la hembra para inyectarle un producto químico de su glándula de la barbilla. Esto es para estimularla al cortejo.

Raya plateada en la cola del macho

MACHO MUSCULOSO
El macho del gallipato tiene las patas delanteras musculosas para sostener un abrazo de cópula de 24 horas. La cópula y el desove pueden ocurrir durante diez meses al año, con excepción de julio y agosto, los meses más calurosos en Europa.

Pata musculosa para sujetar a la hembra

Macho agitando la cola hacia la hembra

2 EXHIBICIÓN
El macho nada frente a la hembra desplegando su vestido nupcial. Levanta la cresta dentada de su lomo y azota su cola plateada, mientras arroja secreciones de sus glándulas cloacales.

3 EMPUJE
El macho deposita su espermatóforo. Luego guía a la hembra hacia éste empujándola con su costado. La hembra usa su cloaca para recogerlo.

VAMPIROS DE PELÍCULA
Los vampiros de Hollywood también usan sus dientes, pero a diferencia de la salamandra (ar.) su fin es matar a sus víctimas.

ALARDE
Este fortachón del siglo XIX alardea de su fuerza al sostener la pesa con una sola mano, ¿pero podrá hacerlo como el macho del gallipato?

34

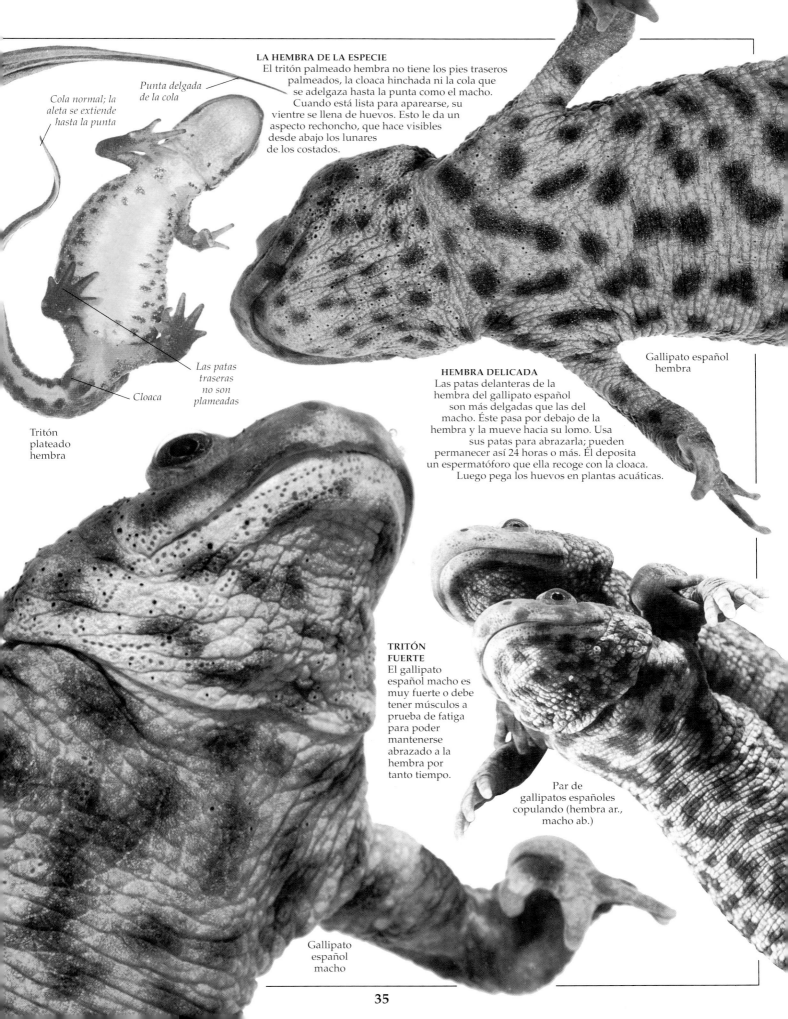

LA HEMBRA DE LA ESPECIE
El tritón palmeado hembra no tiene los pies traseros palmeados, la cloaca hinchada ni la cola que se adelgaza hasta la punta como el macho. Cuando está lista para aparearse, su vientre se llena de huevos. Esto le da un aspecto rechoncho, que hace visibles desde abajo los lunares de los costados.

Cola normal; la aleta se extiende hasta la punta

Punta delgada de la cola

Las patas traseras no son plameadas

Cloaca

Tritón plateado hembra

Gallipato español hembra

HEMBRA DELICADA
Las patas delanteras de la hembra del gallipato español son más delgadas que las del macho. Éste pasa por debajo de la hembra y la mueve hacia su lomo. Usa sus patas para abrazarla; pueden permanecer así 24 horas o más. Él deposita un espermatóforo que ella recoge con la cloaca. Luego pega los huevos en plantas acuáticas.

TRITÓN FUERTE
El gallipato español macho es muy fuerte o debe tener músculos a prueba de fatiga para poder mantenerse abrazado a la hembra por tanto tiempo.

Par de gallipatos españoles copulando (hembra ar., macho ab.)

Gallipato español macho

35

Desove y cuidados paternales

No TODOS LOS ANFIBIOS ponen una gran cantidad de huevos en el agua y los dejan eclosionar en renacuajos vivos libres, como la rana común europea. Muchos anfibios son padres amorosos y muestran más formas de cuidar sus huevos y crías que los peces, los reptiles, los mamíferos o las aves. La cantidad de cuidado parece estar relacionada con el número y tamaño de los huevos producidos: entre menos huevos de mayor tamaño, más cuidados; entre más huevos pequeños, menos cuidado. Los cuidados van desde elegir un sitio abrigado para la freza, hasta cubrir los huevos con una espuma protectora. Algunos anfibios llevan sus huevos o crías al lomo o en una bolsa de piel; otros los guardan dentro del cuerpo, en sacos vocales o incluso en el estómago. Hay dos especies de sapo y algunas salamandras y cecilias que paren crías vivas.

MAL DE ESTÓMAGO
El personaje de este cuento de hadas parece estar pasando un mal rato, al igual que la rana más notable de todas: la rana australiana de incubación gástrica. Descubierta en 1972, no se la ha visto desde 1981 y puede estar extinta. Era el único animal en el mundo cuya hembra incubaba sus crías en el estómago.

CAJA DE SEGURIDAD
La parte posterior de esta rana marsupial hembra, o de bolsa, sudamericana parece hinchada. El macho le ha colocado un ciento o más de huevos fertilizados en la bolsa de cría trasera. Después del periodo de incubación la hembra se abre paso en el agua. Con los dedos de los pies abre la bolsa y libera a los renacuajos en el agua para que terminen su desarrollo.

IMITADOR DEL HUEVO
El diseño dorsal de estas dos ranas de cristal de la selva tropical de Costa Rica se parece a los huevos que vigilan. El camuflaje del macho les permite cuidar sus huevos con seguridad las 24 horas del día. Estas ranas se han camuflado tan bien que evitan depredadores y se alimentan con cualquier insecto que se pose en la hoja.

UNA LARGA ESPERA
Esta pequeña salamandra sin pulmones, hallada en Costa Rica y Panamá, es un padre devoto que cuida sus huevos de cuatro a cinco meses, hasta que eclosionan. El padre vigilante, el macho o la hembra, se enrosca alrededor de los huevos, a los que da vuelta de vez en vez. Esto los protege de depredadores e infecciones fungicidas.

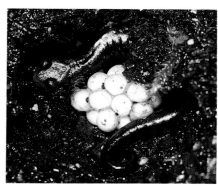

El sapo partero macho, de 1.25 a 2 pulg (3 a 5 cm), lleva un cordón de huevos

UN LUGAR SEGURO

La hembra del sapo de Surinam semeja hojas muertas en el fondo fangoso de las aguas tranquilas de Sudamérica, donde vive. Después de copular, el macho fertiliza los huevos puestos por la hembra, que se pegan en la piel gruesa y esponjosa de su lomo.

La piel del sapo de Surinam hembra se hincha y cubre casi totalmente sus huevos

Algunos machos se encargan de dos, o incluso tres, nidadas de huevos

BOLSOS LLENOS DE SAPITOS

El sapo de Surinam coloca los huevos en el lomo de la hembra cuando ésta y el macho copulan dando una vuelta, o movimiento de rizo, bajo el agua. Ambos están boca arriba cuando la hembra pone cinco huevos que son fecundados y puestos en su lomo mientras completan la vuelta en el agua. Ponen cerca de 55 huevos de esta forma, que se harán sapitos después de cuatro semanas.

SERVICIO DE TAXI

Esta rana no venenosa de Trinidad está emparentada con las ranas de colorido más vivo, las veneno de flecha (págs. 56-57) de América Central y del Sur. En esta especie, el macho cuida su cordón de huevos. Cuando eclosionan, lleva la nidada de renacuajos a cuestas hacia una corriente próxima para que terminen su desarrollo. En otras especies semejantes la hembra es la portadora.

SACO VOCAL DE INCUBACIÓN

El macho de la rana de Darwin, de Chile, observa su nidada de huevos, y cuando los recién nacidos renacuajos comienzan a retorcerse los recoge en su saco vocal. Los renacuajos permanecen allí, en apariencia recibiendo alimento, hasta que son expulsados como ranitas.

EL PARTERO MACHO

El sapo partero macho de Europa occidental tiene una forma única de cuidado paternal: lleva su cordón de 35 a 50 huevos alrededor de las patas traseras. Luego de que los huevos son puestos y fecundados, permanece abrazado a la hembra y mueve sus patas adelante y atrás por entre los huevos para asegurarlos a sus extremidades. Casi tres semanas después lleva su cargamento al agua, donde los renacuajos nacen y completan su desarrollo.

Metamorfosis

Cola muy corta

AHORA UNA RANITA
En 12 semanas la cola se ha reducido a un brote y desaparecerá pronto. Las ranitas están listas para dejar el agua. Cada generación revive la transición del agua a la tierra ocurrida en los primeros anfibios (págs. 8-9).

M ETAMORFOSIS es el cambio del estado larvario, o renacuajo, a adulto. Los anfibios son los únicos vertebrados (animales con espina dorsal) de cuatro patas que se transforman así, lo que es más fácil de ver en ranas y sapos que en otros anfibios (págs. 40-41). Las larvas de ranas y sapos, o renacuajos, son totalmente distintos de sus padres. La diferencia más notable es que en el renacuajo la cabeza y el cuerpo son uno, así como una cola larga. Al principio un renacua jo carece de patas, que crecerán más adelante, así que debe vivir en el agua. El tiempo que tardan los huevos en eclosionar en el agua y convertirse en ranitas va de 12 a 16 semanas, pero este lapso se ve afectado por la temperatura y provisión de alimento. Los renacuajos de regiones más frías, de grandes altitudes o de huevos puestos en la época de celo, pueden hibernar como tales y transformarse hasta la primavera siguiente. No todas las ranas y los sapos son renacuajos. Para algunos el desarrollo ocurre dentro de un huevo o dentro del cuerpo de uno de los padres (pp. 36-37).

Embrión retorciéndose

2 LA VIDA COMIENZA.
Los primeros indicios de vida se dan cuando la yema del huevo se divide en dos, luego en cuatro y en ocho, hasta que parece una baya cubierta de jalea. El embrión en desarrollo, o renacuajo, crece y puede notarse que se agita y mueve antes de que eclosione. Esto ocurre seis días después de la fertilización.

Huevo de rana

Rana común hembra

Un par de ranas comunes en amplexo

Rana común macho

1 UN FUERTE APRETÓN
La rana macho sujeta a la hembra bajo su cuerpo, en apretado abrazo, llamado amplexo. Los brazos del macho agarran a la hembra detrás de sus patas delanteras, como se muestra aquí; otras especies pueden asirla delante de sus patas posteriores o alrededor de la cabeza. El amplexo puede durar varios días. El macho fertiliza los huevos, cuyo número varía de uno solo hasta 20,000 o más, conforme son liberados. Pueden ser puestos solos, en grupos o en hileras (págs . 36-

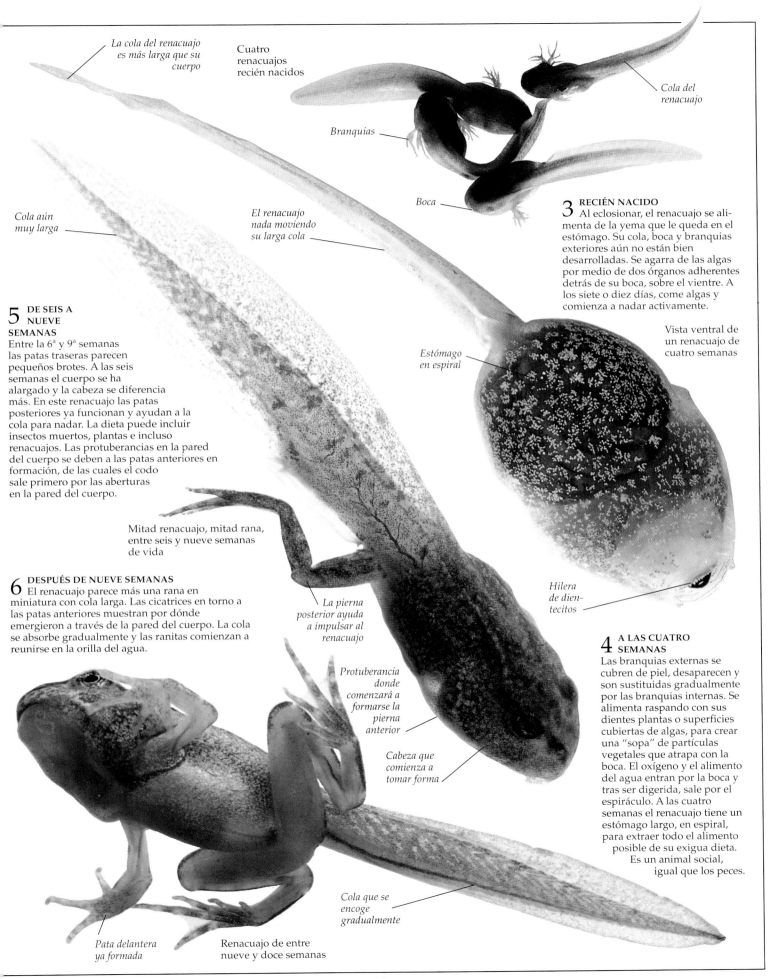

La cola del renacuajo es más larga que su cuerpo

Cuatro renacuajos recién nacidos

Cola del renacuajo

Branquias

Boca

3 RECIÉN NACIDO
Al eclosionar, el renacuajo se alimenta de la yema que le queda en el estómago. Su cola, boca y branquias exteriores aún no están bien desarrolladas. Se agarra de las algas por medio de dos órganos adherentes detrás de su boca, sobre el vientre. A los siete o diez días, come algas y comienza a nadar activamente.

Cola aún muy larga

El renacuajo nada moviendo su larga cola

Vista ventral de un renacuajo de cuatro semanas

Estómago en espiral

5 DE SEIS A NUEVE SEMANAS
Entre la 6ª y 9ª semanas las patas traseras parecen pequeños brotes. A las seis semanas el cuerpo se ha alargado y la cabeza se diferencia más. En este renacuajo las patas posteriores ya funcionan y ayudan a la cola para nadar. La dieta puede incluir insectos muertos, plantas e incluso renacuajos. Las protuberancias en la pared del cuerpo se deben a las patas anteriores en formación, de las cuales el codo sale primero por las aberturas en la pared del cuerpo.

Mitad renacuajo, mitad rana, entre seis y nueve semanas de vida

Hilera de dientecitos

6 DESPUÉS DE NUEVE SEMANAS
El renacuajo parece más una rana en miniatura con cola larga. Las cicatrices en torno a las patas anteriores muestran por dónde emergieron a través de la pared del cuerpo. La cola se absorbe gradualmente y las ranitas comienzan a reunirse en la orilla del agua.

La pierna posterior ayuda a impulsar al renacuajo

Protuberancia donde comenzará a formarse la pierna anterior

Cabeza que comienza a tomar forma

4 A LAS CUATRO SEMANAS
Las branquias externas se cubren de piel, desaparecen y son sustituidas gradualmente por las branquias internas. Se alimenta raspando con sus dientes plantas o superficies cubiertas de algas, para crear una "sopa" de partículas vegetales que atrapa con la boca. El oxígeno y el alimento del agua entran por la boca y tras ser digerida, sale por el espiráculo. A las cuatro semanas el renacuajo tiene un estómago largo, en espiral, para extraer todo el alimento posible de su exigua dieta. Es un animal social, igual que los peces.

Cola que se encoge gradualmente

Pata delantera ya formada

Renacuajo de entre nueve y doce semanas

Los primeros días

IGUAL QUE LAS RANAS Y LOS SAPOS, los tritones, las salamandras y las cecilias experimentan una metamorfosis, o periodo de desarrollo larvario, pero el cambio de su cuerpo es menos marcado. En tritones y salamandras las larvas se parecen más a los adultos. El desarrollo del gran tritón crestado es típico de especies con larvas acuáticas, pero muchas salamandras no tienen una etapa larvaria independiente. En vez de ello, la salamandra hembra puede poner sus huevos en el área que protegerá con el padre, o puede conservarlos en su cuerpo (págs. 36-37). En cada caso, el huevo y el desarrollo larvario de la salamandra es igual que el del tritón, pero ocurre en el interior del huevo o en el cuerpo de la hembra. En las cecilias, las larvas tienen branquias y carecen de miembros.

Embrión en desarrollo

Gran tritón crestado hembra

El huevo, envuelto previamente en la hoja que se ha abierto, será parte de la cadena alimenticia

La hembra envuelve con las patas los huevos recién puestos en hojas de alga

Huevo recién puesto

HUEVOS Y ALGAS
Los tritones ponen huevo por huevo. En cuanto pone uno, la hembra lo envuelve en algas para ocultarlo de depredadores, y darle mayor oportunidad de nacer. Esta hoja se ha abierto y pone en peligro al huevo, el cual probablemente será comido por algún pez.

1 MADRE CUIDADOSA
Esta hembra de tritón usa los pies para envolver cuidadosamente en algas cada uno de sus huevos. Ésta es una manera simple de protegerlos (págs. 36-37) , pero mejor que dejarlos a la vista en el agua. Las hembras de otros tritones (págs. 46-49), por ejemplo los del este de Estados Unidos y los tritones vientre de fuego del Lejano Oriente, tienen este hábito de envolverlos. Así ponen entre 200 y 400 huevos.

2 PRIMEROS DÍAS DE TRITÓN BEBÉ

Al principio, el huevo se divide como el de una rana: en dos, luego en cuatro y así sucesivamente hasta que, de tantas células que produce, parece una baya. Tras una semana se ha formado un embrión, con cabeza reconocible, cola y brotes de miembros (i.). Crece rápidamente y el huevo eclosiona después de tres semanas.

Larva de tritón

Agalla vellosa

Órganos internos y estómago visible por la piel transparente

3 DE RECIÉN NACIDO A OCHO SEMANAS

Las larvas de tritón tienen ojos grandes y comen pulgones y larvas de mosco. Tienen tres pares de agallas vellosas, no como los renacuajos de rana, que tienen sólo dos (págs. 38-39). En las larvas de tritón las patas delanteras crecen primero, pero los renacuajos de rana logran sus patas traseras antes.

Uno de tres pares de branquias vellosas

Ojo grande típico

Larva de tritón de ocho semanas

Pata delantera larga y escuálida

Pata trasera más pequeña

4 OCHO SEMANAS Y DESPUÉS

El cuerpo se alarga, la cola se fortalece y el cuerpo comienza a tomar forma. Las patas traseras son mucho más pequeñas que las delanteras, largas y escuálidas. A medida que el desarrollo continúa, cabeza, boca, cuerpo, patas y cola tienen más forma de adulto. Algunos anfibios, como los ajolotes (págs. 12-13), nunca pasan de la etapa larvaria.

Joven salamandra tigre con pocas branquias restantes

Restos de branquias

La cola de las salamandras tigre jóvenes es casi de la misma longitud que su cuerpo

Branquia vellosa

Joven salamandra tigre con todas sus agallas

TIGRES JÓVENES

La larva de la salamandra tigre mide 0.5 pulg (1.25 cm) al nacer y 4 pulg (10 cm) doce semanas después. Estas dos jóvenes tigre muestran la transición de larva con aletas (i.) a un joven casi completo con pequeños restos de branquias (ar.). Una salamandra joven comerá casi cualquier alimento que pueda conseguir (págs. 18-19), hábito que conserva toda su vida. Esta es la razón de su gran tamaño: hasta 1.5 pulg (4 cm) más de largo que una salamandra gigante del Pacífico.

¿Rana o sapo?

LAS RANAS Y LOS SAPOS son los anfibios más fácilmente identificables por su cuerpo distintivo. Separar este grupo en "ranas" y "sapos" no es tan fácil, ya que las características usadas para distinguirlos no son válidas siempre. En general, las ranas son más activas, viven dentro o cerca del agua, tienen piel lisa, patas posteriores largas y pies palmeados, mientras que los sapos tienden a ser más pasivos, viven en tierra, tienen piel seca y rugosa, y los pies poco palmeados. Con todo, algunas ranas no viven cerca del agua y tienen los pies poco o nada palmeados, y hay sapos de piel lisa. La palabra "rana" suele ser usada para ambas especies.

Piel lisa atípica en sapos

Disco en el dedo

Cuerpo delgado

SAPO ARBÓREO
Este sapo arbóreo asiático parece una rana: tiene la piel más lisa que la mayoría de los otros sapos y discos en los dedos, como la rana del árbol del plátano (ab., d.). Sin embargo, pertenece a la familia del sapo común (d., ar.).

RANA VERDADERA
La rana común europea es una rana típica: tiene piel lisa y húmeda, cuerpo delgado, patas posteriores largas y pies palmeados para nadar. Algunas permanecen en el agua; otras habitan zonas pantanosas y herbosas, y rara vez son vistas fuera excepto en la época de celo, por lo que recibieron el nombre latino de *Rana temporaria*, es decir, "rana temporal". Las ranas se hallan en todo el mundo, salvo en las regiones polares; en Australia sólo hay una especie.

Ilustración de Sir John Tenniel (1820-1914)

ALICIA Y LA RANA
En *A través del espejo y lo que Alicia encontró allí*, el escritor Lewis Carroll (1832-1898) creó el personaje de Alicia, que conoce a una rana y hace amistad con ella.

Pata trasera larga

Típica piel de rana: lisa y húmeda

Rana común europea

Pies palmeados

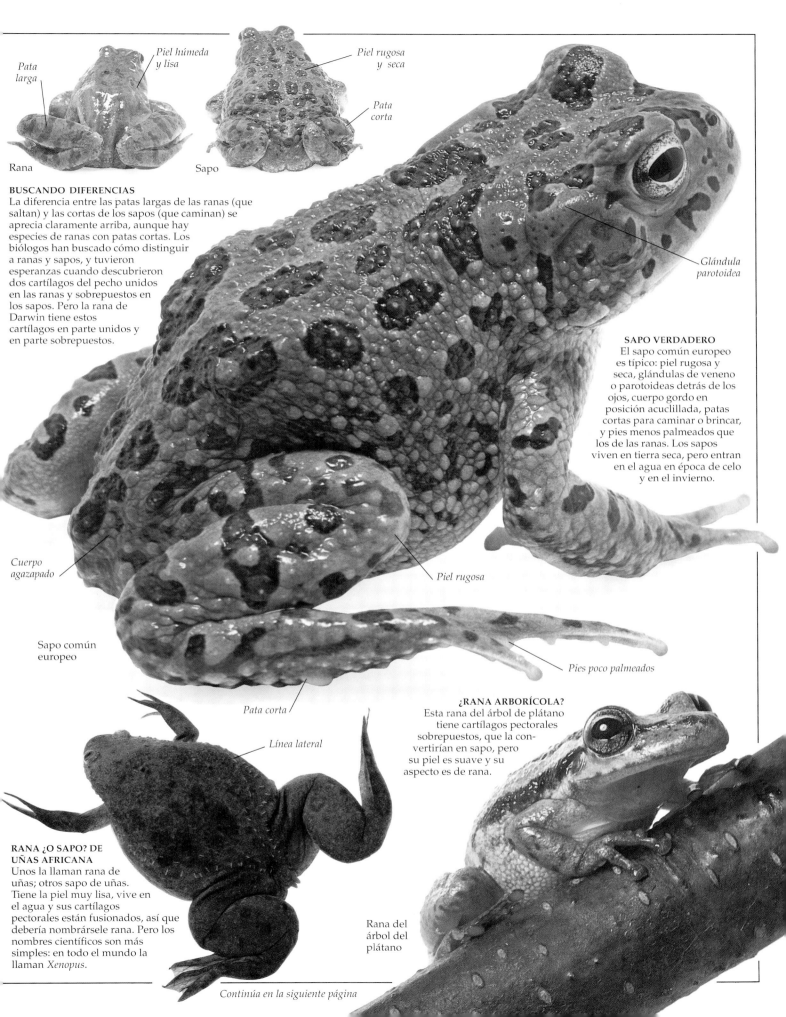

Pata
larga

Piel húmeda
y lisa

Piel rugosa
y seca

Pata
corta

Rana

Sapo

BUSCANDO DIFERENCIAS

La diferencia entre las patas largas de las ranas (que
saltan) y las cortas de los sapos (que caminan) se
aprecia claramente arriba, aunque hay
especies de ranas con patas cortas. Los
biólogos han buscado cómo distinguir
a ranas y sapos, y tuvieron
esperanzas cuando descubrieron
dos cartílagos del pecho unidos
en las ranas y sobrepuestos en
los sapos. Pero la rana de
Darwin tiene estos
cartílagos en parte unidos y
en parte sobrepuestos.

Glándula
parotoidea

SAPO VERDADERO
El sapo común europeo
es típico: piel rugosa y
seca, glándulas de veneno
o parotoideas detrás de los
ojos, cuerpo gordo en
posición acuclillada, patas
cortas para caminar o brincar,
y pies menos palmeados que
los de las ranas. Los sapos
viven en tierra seca, pero entran
en el agua en época de celo
y en el invierno.

Cuerpo
agazapado

Piel rugosa

Sapo común
europeo

Pies poco palmeados

Pata corta

Línea lateral

¿RANA ARBORÍCOLA?
Esta rana del árbol de plátano
tiene cartílagos pectorales
sobrepuestos, que la con-
vertirían en sapo, pero
su piel es suave y su
aspecto es de rana.

RANA ¿O SAPO? DE
UÑAS AFRICANA
Unos la llaman rana de
uñas; otros sapo de uñas.
Tiene la piel muy lisa, vive en
el agua y sus cartílagos
pectorales están fusionados, así que
debería nombrársele rana. Pero los
nombres científicos son más
simples: en todo el mundo la
llaman *Xenopus*.

Rana del
árbol del
plátano

Continúa en la siguiente página

Cargamentos de sapos y ranas

Hay más de 3,500 especies de ranas, pero cada año se descubren nuevas especies (págs. 60-61). Las ranas son el grupo más grande de anfibios modernos y se hallan en todo el mundo, excepto en la Antártida. Aunque hay unas especies adaptadas al frío y otras al desierto, la mayor variedad está en las selvas tropicales. Las ranas tienen varias formas de vida: acuática, terrestre y arbórea, es decir, que viven en agua, en tierra y en los árboles, respectivamente. Algunas ranas son totalmente acuáticas, como el sapo de uñas africano (págs. 22-23), mientras que las especies semiterrestres viven en charcas, lagos, ríos y corrientes torrenciales, y en los alrededores de estos lugares. Las especies que viven en tierra incluyen a las ranas excavadoras, como la rana topo, que no nada. Las ranas arbóreas o arborícolas, también se encuentran en arbustos, en juncos y en hierbas, así como en árboles. Las ranas han desarrollado un sinfín de formas, tamaños y colores corporales que les permiten vivir en distintos hábitats.

VERDE EUROPEO
La mayoría de las ranas arbóreas (págs. 50-53) viven en Sudamérica, pero esta ranita verde, de 1.5-2.5 pulg (4-6 cm), es común en casi toda Europa, África y Asia. Vive en bosques y matorrales y sólo deja su árbol para aparearse en las charcas en primavera.

EXCAVADOR AUSTRALIANO
Muchas ranas y sapos excavan (págs. 54 a 55), pero la rana llamada topo, del occidente de Australia, es un supremo ejemplo de adaptación a la vida subterránea. Excavador "de cabeza", con cabeza pequeña y ojos minúsculos, usa sus musculosas patas anteriores, manos anchas y dedos toscos para cavar como un topo. Se alimenta de termitas y sólo sale a la superficie cuando llueve, para aparearse.

Pie de típicos colores vivos

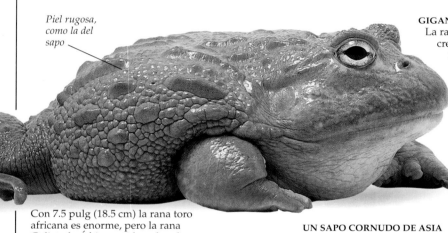

Piel rugosa, como la del sapo

GIGANTE AFRICANO
La rana toro africana adulta puede crecer hasta 8 pulg (20 cm). Los machos pueden ser muy agresivos al defender su territorio contra los intrusos, humanos u otras ranas toro, y son capaces de dar una mordida peligrosa (págs. 18-19).

Con 7.5 pulg (18.5 cm) la rana toro africana es enorme, pero la rana Goliat, de África occidental, es la rana más grande de todas: hasta 15.5 pulg (40 cm) de largo.

UN SAPO CORNUDO DE ASIA
Los cuernos de carne que se proyectan sobre los ojos y más allá de la boca proveen un útil aspecto de hoja (págs. 20-21).

Especies emparentadas pueden tener cuernos más pequeños o carecer de ellos

ARBÓREOS ASIÁTICOS
El sapo arbóreo asiático, de 2 a 4 pulg (5 a 10 cm), es un sapo raro con discos en los dedos. Es buen trepador y vive en árboles y arbustos cerca de corrientes de agua en los bosques de Tailandia, Sumatra y Borneo (págs. 42-43).

SIN COLORANTES
Estas cuatro gordas ranas del tomate (págs. 60-61) del noroeste de Madagascar, ostentan este tono intenso, además su cuerpo sí tiene la forma de un tomate.

Ranas del tomate de Madagascar de 2 a 2.75 pulg (5 a 7 cm)

Rana
corredora
africana

RANA AMISTOSA
La rana pintada asiática de China, Indonesia y la India, es una especie atractiva. Su diseño le ayuda a confundirse con las piedras, donde se oculta en el día (págs. 20 a 21). A menudo se encuentra en parques y jardines cerca de donde viven los seres humanos.

Macho más pequeño

CORREDORA AFRICANA
Esta rana de vivos colores se camufla en su hábitat natural de pastizales, y corre más que dar saltos (págs. 24-25).

Manchas en el costado superior de la hembra

EL MORTAL JUEGO DE LA ESPERA
El sapo cornudo ornamentado sudamericano pasa la mayor parte del tiempo medio enterrado en la hojarasca o el musgo del bosque, asomando apenas la cabeza y los ojos. Al parecer, su filosofía es "siéntate y espera" para atrapar cualquier presa que pase: insectos grandes, ranas y mamíferos pequeños (págs. 18-19).

HUÉSPED NO INVITADA
La rana arbórea de White, de Australia, (págs. 50-51) tiene una relación más estrecha con el ser humano que la rana pintada asiática: suele hallarse en los buzones, en los cuartos de baño y ¡en las cisternas de los baños!

Tamaño casi real, de 1.2 pulg (3 cm)

VIDA DE ALTURA
El sapo chileno de lunares rojos se halla a 13,000 pies (4,000 m) en las montañas de los Andes; por lo que se ha adaptado a grandes altitudes.

RANA DE FUEGO
La piel de la rana de fuego de África Occidental es lisa y elástica, pero exudará secreciones tóxicas si la molestan (págs. 16-17).

Sólo 1 pulg (2.3 cm)

Anfibios con cola

LAS SALAMANDRAS, LOS TRITONES Y LAS SIRENAS pertenecen a un grupo de anfibios que reúne a alrededor de 360 especies con cola. Muchos viven en áreas frías, templadas y en arboledas del Hemisferio Norte, pero un grupo de salamandras sin pulmones (págs. 48-49) se extiende hacia el sur, a Sudamérica, hasta hasta las selvas tropicales, situadas a gran altitud del ecuador. Como las ranas, estos anfibios viven de diversas maneras. Algunos lo hacen en tierra, en zonas húmedas, aunque procrean en el agua (págs. 34-35). Algunas salamandras sin pulmones viven incluso en árboles y tienen manos anchas, planas y palmeadas, y pies sin dedos obvios. Otros, como el olm y el ajolote, pasan toda su vida en el agua (págs. 12-13). Alrededor de 170 especies de cecilias se hallan sólo en zonas tropicales y excavan en fango o tierra blanda y nadan en ríos y corrientes de agua.

SALAMANDRA HERÁLDICA
Este salamandra con apariencia de dragón –una bestia fabulosa de la armería y de la mitología– era el emblema de la familia real francesa en el siglo XV temprano. En este detalle de la pintura, *El campo del paño del oro*, una salamandra observa la reunión entre el rey inglés Enrique VIII y Francisco I de Francia.

Pata trasera corta: los dedos son más parejos que en las ranas

Las puntas de la cresta de la cola del tritón crestado sólo crecen en los machos en celo

¡AL FUEGO!
Las salamandras amarillo con negro huyendo de pilas de troncos ardientes dio origen a la creencia de que vivían en el fuego, de ahí su nombre: salamandras de fuego.

Los colores y diseños de la salamandra tigre pueden ser muy variados

Salamandra tigre

Cola bien desarrollada

Rayas plateadas en la cola del macho

LAS CECILIAS, ANFIBIOS DESCONOCIDOS
Pocos biólogos han visto una cecilia viva y muchos no saben de la existencia de estos anfibios sin miembros (págs. 6-7). Su tamaño varía de 3 pulg (8 cm) a 5 pies (1.5 m); la cola es muy corta, si la tienen. Las hembras paren a sus crías, o cuidan pequeñas nidadas de 30 a 60 grandes huevos, de los que salen larvas con branquias parecidas a los adultos.

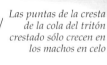

Cuerpo más largo que el de ranas y sapos

Pliegues de piel (surcos costales), útiles para identificar a las salamandras

SALAMANDRA TÍMIDA

El término "salamandra" generalmente se usa para referirse sólo a los anfibios terrestres con cola, aunque los tritones acuáticos y las sirenas también son miembros de esta familia. Las salamandras de tierra son criaturas tímidas, que viven sobre todo en áreas húmedas al abrigo de árboles caídos, troncos y rocas. Su tamaño va de la diminuta salamandra enana mexicana sin pulmones, de 1 pulg (2.54 cm) incluida la cola, hasta la salamandra tigre norteamericana que puede medir 14.4 pulg (40 cm).

Sólo tiene patas delanteras

Uno de cuatro dedos del pie delantero

Uno de cinco dedos del pie posterior

¿SALAMANDRA O SIRENA?

Las sirenas de Norteamérica (págs. 10-11) se diferencian de las salamandras en que tienen pulmones y branquia; además son larvas acuáticas permanentes, es decir, nunca se desarrollan más allá del estado larvario acuático.

Sirena más pequeña

Las manchas del vientre son como huellas dactilares: cada tritón tiene una serie única

Glándula cloacal en la base de la cola del macho

TRITONES ACUOSOS

Los tritones son salamandras semiacuáticas que vuelven al agua en la época de cría. Se hallan en Norteamérica, Europa, toda Asia y Japón. Los machos, en particular los de especies europeas como este tritón crestado (d.), desarrollan un "vestido" de cortejo en primavera y hacen una presentación elaborada a la hembra (págs. 34-35). Ésta carece de la cresta y la banda plateada de la cola del macho.

Gran tritón crestado macho visto desde abajo

47

Continúa en la siguiente página

Variedad de tritones y salamandras

Tritones y salamandras pertenecen a un grupo de anfibios más pequeño que el de ranas y sapos; su número incluye unos 360. La mayoría vive en áreas frescas y templadas de Europa, Norteamérica, China y Japón, pero un grupo vive en zonas tropicales de Sudamérica. Adaptadas a varios hábitats, suben a los árboles y arbustos, excavan y llevan una existencia acuática (págs. 28-29). El grupo más grande reúne 150 especies que han perdido los pulmones y respiran a través de la piel y la garganta.

OJO DE TRITÓN
Las tres brujas de la obra *Macbeth*, de Shakespeare, creían que el ojo del tritón era un ingrediente necesario para su poción. La palabra *newt* (tritón) proviene del anglosajón *efete,* mientras que *an ewt* se convirtió en *newt* entre los siglos XII y XV.

Salamandra de fuego europea

ACCIÓN LENTA
La salamandra de fuego europea tiene una constitución rechoncha y torpe. Prefiere áreas húmedas y busca presas de movimientos lentos, tales como las lombrices, durante la noche.

Tritones de vientre de fuego viven en China y Japón

TRITONES A GRANEL
La mayoría de los tritones viven en tierra y vuelven al agua para procrear. En el celo el macho de vivos colores desarrolla una cresta sobre lomo y cola. Algunas especies también tienen los pies palmeados, que usan en el cortejo para atraer a la hembra (págs. 34-35).

El tritón crestado es una especie protegida en el Reino Unido, pero se le encuentra en otras partes de Europa

Los tritones palmeados viven en Europa Occidental y son más acuáticos de lo normal

La cresta del crestado italiano es más grande y llamativa que la del crestado común

El tritón alpino (i.) es una especie muy bonita, pero no se limita a las regiones alpinas

El tritón marmóreo de Francia y España (i.) puede aparearse con el tritón crestado (ar., d.) y producir híbridos

48

Cabeza ancha

Salamandra tigre

DE PESO COMPLETO
La salamandra tigre vive prácticamente en todas partes, desde los llanos áridos hasta las húmedas praderas de Norteamérica. Es la salamandra viva más grande y puede medir 15.5 pulg (40 cm). Se alimenta vorazmente e incluso puede comer otros anfibios. Como otros miembros de la familia de la salamandra topo, vive en madrigueras ajenas o que cava ella misma.

El color naranja de las crestas óseas en cabeza y dorso se continúa hasta cubrir la cola

BEBÉ GRANDE
Esta larva de salamandra tigre cambiará a adulto cuando mida 5 pulg (12 cm), a diferencia de su pariente el ajolote, que permanece y procrea en el estado larvario (págs. 12-13).

Verruga

SALAMANDRA ORIENTAL
La salamandra mandarina, o tritón cocodrilo, se encuentra en la India y el este de Asia. Pertenece a la misma familia que los tritones y la salamandra de fuego.

Larva de salamandra tigre

Branquia

Cabeza plana en forma de V

Salamandra mandarina

COMPLETAMENTE SIN PULMONES
La salamandra mexicana sin pulmones enana es una de las salamandras más pequeñas: mide menos de 1 pulg (2.5 cm).

HABITANTE DE LA MONTAÑA
La salamandra oscura de la montaña, del noreste de EUA es otra salamandra que carece de pulmones. Mide hasta 4.5 pulg (11 cm); se halla en bosques y áreas húmedas cerca de corrientes de agua.

Vista ventral de necturo

NECTURO
El necturo norteamericano es una especie larvaria neoténica que puede tardar hasta seis años en alcanzar la madurez sexual. El necturo tiene agallas grandes y rojas, cuatro dedos por pie y es pariente del olm europeo (págs. 12-13).

Branquia

SALAMANDRA GIGANTE
Esta salamandra de aspecto tan extraño vive en el centro y este de EE.UU. y puede crecer hasta 30 pulg (75 cm). Es totalmente acuática y vive en rápidos y ríos. Se relaciona con las salamandras gigantes chinas y japonesás (págs. 10-11).

Salamandra gigante

La vida en los árboles

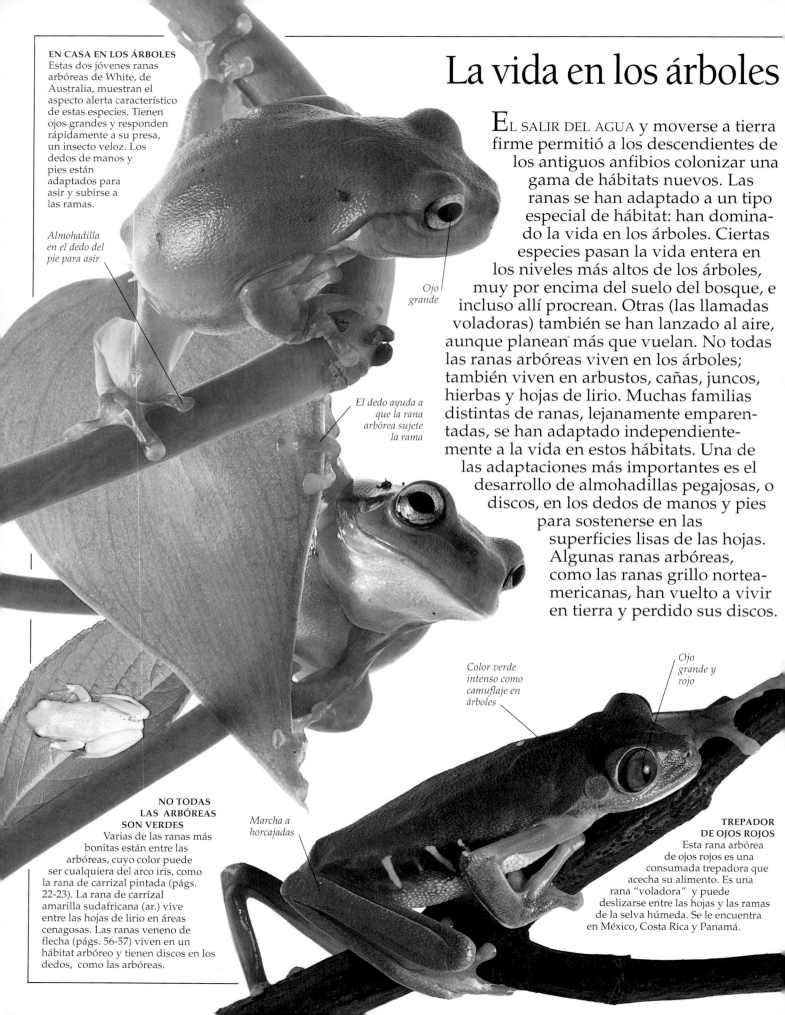

EN CASA EN LOS ÁRBOLES
Estas dos jóvenes ranas arbóreas de White, de Australia, muestran el aspecto alerta característico de estas especies. Tienen ojos grandes y responden rápidamente a su presa, un insecto veloz. Los dedos de manos y pies están adaptados para asir y subirse a las ramas.

Almohadilla en el dedo del pie para asir

Ojo grande

El dedo ayuda a que la rana arbórea sujete la rama

EL SALIR DEL AGUA y moverse a tierra firme permitió a los descendientes de los antiguos anfibios colonizar una gama de hábitats nuevos. Las ranas se han adaptado a un tipo especial de hábitat: han dominado la vida en los árboles. Ciertas especies pasan la vida entera en los niveles más altos de los árboles, muy por encima del suelo del bosque, e incluso allí procrean. Otras (las llamadas voladoras) también se han lanzado al aire, aunque planean más que vuelan. No todas las ranas arbóreas viven en los árboles; también viven en arbustos, cañas, juncos, hierbas y hojas de lirio. Muchas familias distintas de ranas, lejanamente emparentadas, se han adaptado independientemente a la vida en estos hábitats. Una de las adaptaciones más importantes es el desarrollo de almohadillas pegajosas, o discos, en los dedos de manos y pies para sostenerse en las superficies lisas de las hojas. Algunas ranas arbóreas, como las ranas grillo norteamericanas, han vuelto a vivir en tierra y perdido sus discos.

Color verde intenso como camuflaje en árboles

Ojo grande y rojo

NO TODAS LAS ARBÓREAS SON VERDES
Varias de las ranas más bonitas están entre las arbóreas, cuyo color puede ser cualquiera del arco iris, como la rana de carrizal pintada (págs. 22-23). La rana de carrizal amarilla sudafricana (ar.) vive entre las hojas de lirio en áreas cenagosas. Las ranas veneno de flecha (págs. 56-57) viven en un hábitat arbóreo y tienen discos en los dedos, como las arbóreas.

Marcha a horcajadas

TREPADOR DE OJOS ROJOS
Esta rana arbórea de ojos rojos es una consumada trepadora que acecha su alimento. Es una rana "voladora" y puede deslizarse entre las hojas y las ramas de la selva húmeda. Se le encuentra en México, Costa Rica y Panamá.

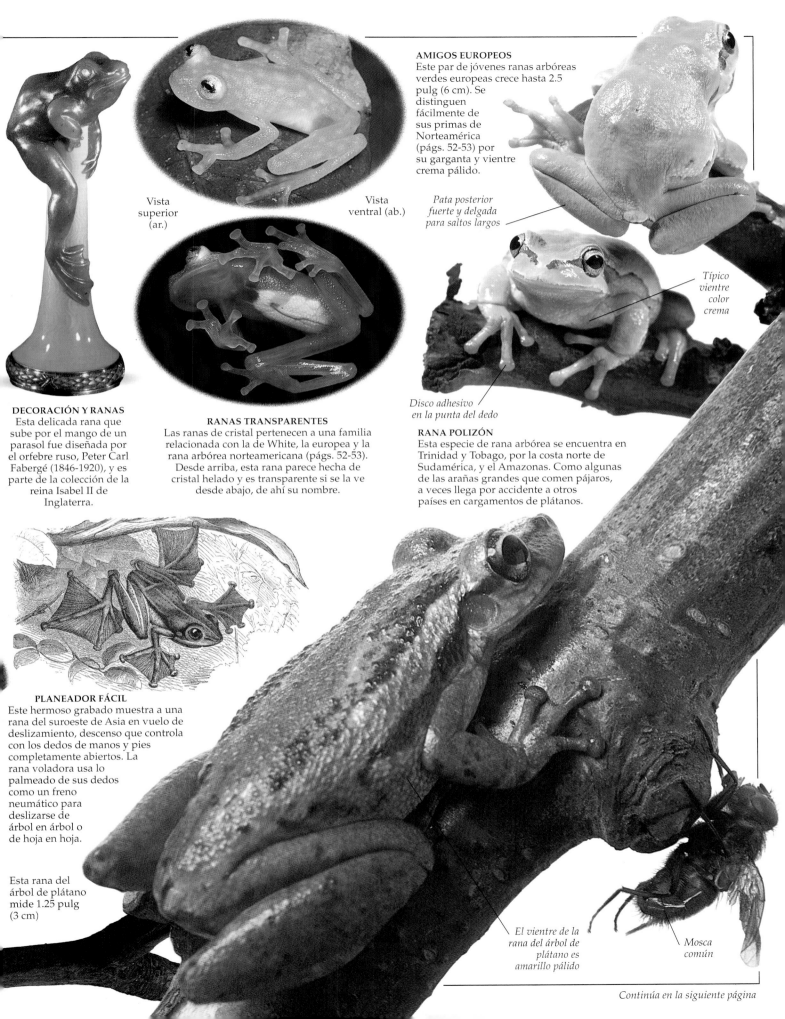

Vista
superior
(ar.)

Vista
ventral (ab.)

AMIGOS EUROPEOS
Este par de jóvenes ranas arbóreas
verdes europeas crece hasta 2.5
pulg (6 cm). Se
distinguen
fácilmente de
sus primas de
Norteamérica
(págs. 52-53) por
su garganta y vientre
crema pálido.

*Pata posterior
fuerte y delgada
para saltos largos*

*Típico
vientre
color
crema*

*Disco adhesivo
en la punta del dedo*

DECORACIÓN Y RANAS
Esta delicada rana que
sube por el mango de un
parasol fue diseñada por
el orfebre ruso, Peter Carl
Fabergé (1846-1920), y es
parte de la colección de la
reina Isabel II de
Inglaterra.

RANAS TRANSPARENTES
Las ranas de cristal pertenecen a una familia
relacionada con la de White, la europea y la
rana arbórea norteamericana (págs. 52-53).
Desde arriba, esta rana parece hecha de
cristal helado y es transparente si se la ve
desde abajo, de ahí su nombre.

RANA POLIZÓN
Esta especie de rana arbórea se encuentra en
Trinidad y Tobago, por la costa norte de
Sudamérica, y el Amazonas. Como algunas
de las arañas grandes que comen pájaros,
a veces llega por accidente a otros
países en cargamentos de plátanos.

PLANEADOR FÁCIL
Este hermoso grabado muestra a una
rana del suroeste de Asia en vuelo de
deslizamiento, descenso que controla
con los dedos de manos y pies
completamente abiertos. La
rana voladora usa lo
palmeado de sus dedos
como un freno
neumático para
deslizarse de
árbol en árbol o
de hoja en hoja.

Esta rana del
árbol de plátano
mide 1.25 pulg
(3 cm)

*El vientre de la
rana del árbol de
plátano es
amarillo pálido*

*Mosca
común*

Continúa en la siguiente página

Continúa de la página anterior

La rana arbórea norteamericana macho llama para atraer a una hembra de su especie

Cabeza huesuda

Proyección ósea del labio superior

Almohadilla pegajosa en la punta del dedo

Franja cremosa de la nariz a la cola

Cabeza de rana arbórea ornitorrinco

RANA ARBÓREA ORNITORRINCO
Vista de lado, la cabeza de esta rana arbórea de Belice tiene una forma inusual. Los cantos del hocico y la forma de "ornitorrinco" logran que la cabeza de la rana se parezca a la del pato de este antiguo grabado. Así, la rana lo parece menos y los cantos huesudos ayudan a camuflarla con la corteza del árbol.

JILGUERO VERDE
Las ranas arbóreas son las aves canoras del mundo anfibio, y sus sitios favoritos para cantar están en lo alto de los árboles. La rana verde arbórea norteamericana tiene cuerpo rechoncho, patas posteriores largas y almohadillas pegajosas en los dedos. Aunque muchas de ellas se parecen, las diferencias en la forma de la cabeza, los colores y las manchas son evidentes al comparar esta rana arbórea con la rana arbórea de White o la europea (págs. 50-51).

¿ADIVINA QUIÉN?
René debe de estar basado en la rana verde arbórea norteamericana. Las arbóreas macho cantan para atraer a sus hembras… pero René no. ¡Él canta su canción de amor a Miss Piggy!

Un refugio seguro

Los antepasados de las ranas arbóreas quizá se sintieron atraídos por la seguridad de la vegetación que estaba en gran parte libre de depredadores, y por una fuente abundante de insectos que vivían en torno a las plantas. Las ranas arborícolas primitivas tal vez se sujetaban mejor a hierbas, ramitas, hojas y vástagos altos de la hoja que otras ranas. Durante su evolución, muchos anfibios emigraron de la vida en tierra a la vegetación que los rodeaba en lo alto, especialmente ranas y sapos (págs. 8-9). Muchas ranas arborícolas modernas tienen colores vivos. Vistas fuera de su hábitat natural, es difícil comprender que usen sus vivos colores para camuflarse (págs. 20-21), y advertir o confundir a sus enemigos.

El verde de la piel ayuda a la rana a mezclarse con el fondo

Las manchas oscuras en el dorso de la rana semejan corteza

La rara forma de la cabeza ayuda al camuflaje

CABEZA DE HUESO

La piel de la cabeza de estas dos raras ranas arbóreas de Belice, en América Central, se fusiona con su cráneo huesudo, en forma de caja, lo cual puede evitar la pérdida de agua (págs. 12-13). Se protege de los depredadores retrocediendo a un agujero en un árbol y bloqueando con su cabeza la entrada.

La ceja ósea protege el ojo

Discos pegajosos y redondos en las puntas de los dedos para asir la corteza

1 DE UN LUGAR SEGURO

Esta rana arbórea de ojos rojos quedaría oculta contra un fondo de hojas. El verde de su cabeza, dorso y patas, y las rayas verticales de sus costados la hacen parecer una hoja con manchas de luz solar.

2 PELIGRO A LA VISTA

Saltar entre árboles es peligroso. Una rana arbórea podría golpear (o no asir) una rama, lastimarse o enredarse en hojas y tallos. Todo movimiento es peligroso porque además atrae a los depredadores.

ALERTA ROJA

Esta rana arbórea de ojos rojos centroamericana está sentada en la típica postura de alerta de las ranas arbóreas. Miran con fijeza por encima de hojas y ramas en busca de presas y depredadores, mientras se ocultan en la medida de lo posible (págs. 22-23).

Típico ojo de rana arbórea que mira hacia adelante

Destello de color anaranjado vivo (puede ser rojo, azul o amarillo)

3 ESTIRADO AL MÁXIMO

El color naranja vivo de los muslos y otras superficies normalmente ocultas es un ejemplo de la "coloración de destello". Un destello repentino de color, combinado con la inusual forma de las ranas arbóreas que saltan, confunde a sus enemigos. Cuando éstas aterrizan suenan como palmada.

Excavadores

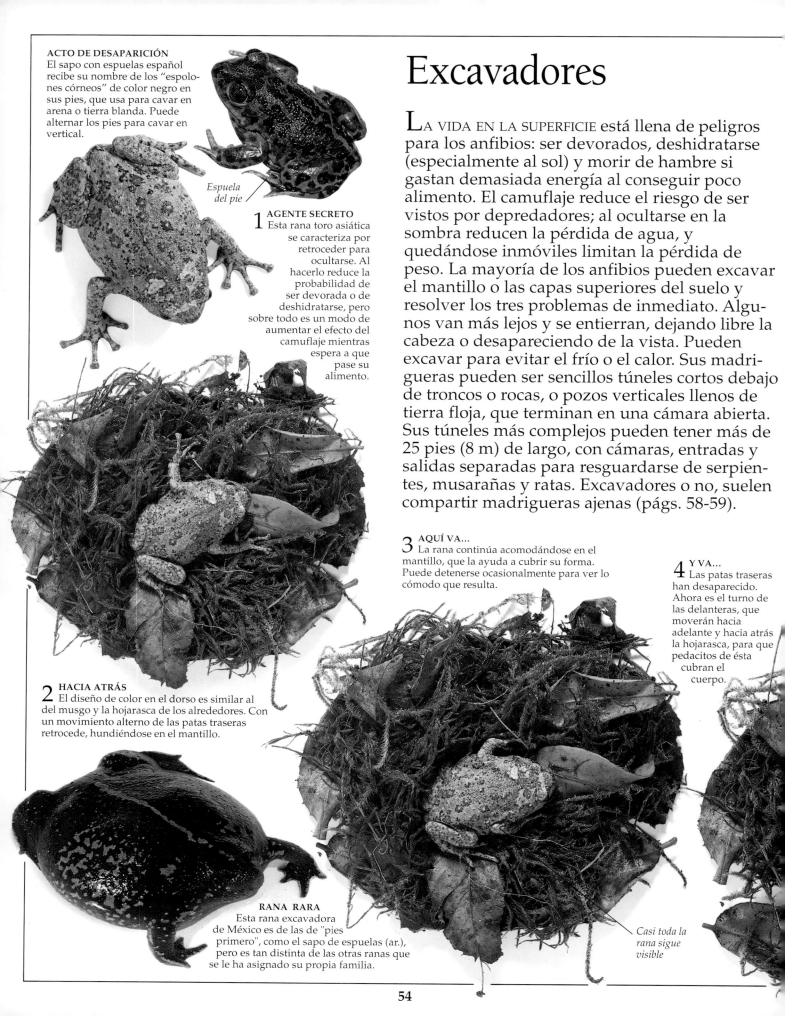

ACTO DE DESAPARICIÓN
El sapo con espuelas español recibe su nombre de los "espolones córneos" de color negro en sus pies, que usa para cavar en arena o tierra blanda. Puede alternar los pies para cavar en vertical.

Espuela del pie

1 AGENTE SECRETO
Esta rana toro asiática se caracteriza por retroceder para ocultarse. Al hacerlo reduce la probabilidad de ser devorada o de deshidratarse, pero sobre todo es un modo de aumentar el efecto del camuflaje mientras espera a que pase su alimento.

La VIDA EN LA SUPERFICIE está llena de peligros para los anfibios: ser devorados, deshidratarse (especialmente al sol) y morir de hambre si gastan demasiada energía al conseguir poco alimento. El camuflaje reduce el riesgo de ser vistos por depredadores; al ocultarse en la sombra reducen la pérdida de agua, y quedándose inmóviles limitan la pérdida de peso. La mayoría de los anfibios pueden excavar el mantillo o las capas superiores del suelo y resolver los tres problemas de inmediato. Algunos van más lejos y se entierran, dejando libre la cabeza o desapareciendo de la vista. Pueden excavar para evitar el frío o el calor. Sus madrigueras pueden ser sencillos túneles cortos debajo de troncos o rocas, o pozos verticales llenos de tierra floja, que terminan en una cámara abierta. Sus túneles más complejos pueden tener más de 25 pies (8 m) de largo, con cámaras, entradas y salidas separadas para resguardarse de serpientes, musarañas y ratas. Excavadores o no, suelen compartir madrigueras ajenas (págs. 58-59).

3 AQUÍ VA...
La rana continúa acomodándose en el mantillo, que la ayuda a cubrir su forma. Puede detenerse ocasionalmente para ver lo cómodo que resulta.

4 Y VA...
Las patas traseras han desaparecido. Ahora es el turno de las delanteras, que moverán hacia adelante y hacia atrás la hojarasca, para que pedacitos de ésta cubran el cuerpo.

2 HACIA ATRÁS
El diseño de color en el dorso es similar al del musgo y la hojarasca de los alrededores. Con un movimiento alterno de las patas traseras retrocede, hundiéndose en el mantillo.

RANA RARA
Esta rana excavadora de México es de las de "pies primero", como el sapo de espuelas (ar.), pero es tan distinta de las otras ranas que se le ha asignado su propia familia.

Casi toda la rana sigue visible

La rana sudafricana
manchada hocico de pala

LA CABEZA PRIMERO

La rana sudafricana manchada de hocico
de pala es una excavadora "de cabeza",
pero con una diferencia: realmente usa la
cabeza, o el hocico, para cavar. Dobla el
cuerpo hacia adelante, agacha la cabeza,
mantiene los miembros posteriores rectos y
con el hocico cava el suelo levantando y
bajando el hocico, sacudiendo la tierra con
sus fuertes manos. Otros excavadores "de
cabeza", como los sapos parteros (págs.
36-37) y las ranas topo (págs. 44-45),
utilizan solamente manos y pies.

6 SE FUE
Sólo
asoma la
cabeza y ha
ganado
una ventaja
importante
con su actividad:
está cómoda y bien
oculta, puede
reducir su
pérdida de agua,
absorbiéndola del
suelo húmedo y las
hojas por la piel. Si se
queda quieta, no
perderá peso quemando
energía en busca de
alimento. Ahora todo lo que
tiene que hacer es esperar a
que su presa pase cerca.

5 CASI SE VA
Las patas y la mitad
posterior de la rana están ahora
ocultas. El
movimiento de
culebreo
continúa; el
cuerpo rota,
empujándose
dentro de la
hojarasca.

*Sólo la cabeza
de la rana es
visible*

Ranas veneno de flecha y mantelas

MUCHOS ANFIBIOS TIENEN COLORES VIVOS, pero los más coloridos de todos son las ranas veneno de flecha de América Central y del Sur y las mantelas de Madagascar. Estas ranas usan sus colores para defender sus territorios de otros machos durante la época de celo y para advertir a los depredadores que son venenosas. Han tenido que desarrollar sustancias altamente venenosas, pues sus enemigos, entre ellos serpientes y arañas, son muy resistentes a toxinas más ligeras.

LA RANA DANDY
Esta rana exquisitamente vestida, que parece una veneno de flecha con sus ropas de muchos colores, luce orgullosa su mejor vestido dominguero.

Los colores vivos advierten a los depredadores

Los destellos de color rojo ayudan a la rana a camuflarse

Esta mantela tiene un manchón de rojo en la parte interna de su pata

Esta mantela amarilla puede ser una variante de color de la mantela verde y negra (ab.), o una especie diferente

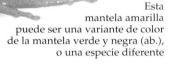

NOMBRE EXTRAÑO
Esta especie recibió su nombre común por su color rojo fresa característico, realzado por lunares azul oscuro-negro. Sin embargo, las ranas veneno de flecha de la fresa de diversas áreas pueden tener colores distintos: azul, verde, amarillo, naranja, lisas o con lunares, incluso negro y blanco.

Ya que tienen una gran variedad de colores (ar.), identificar mantelas es muy difícil

La piel es muy tóxica

PINTURA DE GUERRA
Algunos pueblos nativos de Norteamérica usaban pintura de guerra para infundir terror en sus enemigos. Este jefe indio hopi usa naranja, rojo y amarillo, los clásicos colores de advertencia, en su tocado. Los anfibios usan los mismos colores para ahuyentar a sus enemigos.

PARECIDA AL ORO
La rana dorada veneno de flecha es muy parecida a su pariente más cercana, la *Phylobates terribilis* (págs. 60-61), pero es más pequeña y tiene marcas negras en las patas.

Recientemente se descubrió que la mantela dorada de Madagascar produce la misma clase de venenos químicos que las veneno de flecha sudamericanas

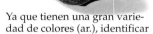

56

Esta mantela verde (descrita por vez primera en 1988) es de Madagascar, donde hay problemas por la destrucción del hábitat. Es importante conocer las nuevas especies para protegerlas (págs. 60-61)

Las rayas negras y rojo brillante hacen a esta rana más visible, para advertir a sus enemigos.

RANAS FASCINANTES

Las ranas veneno de flecha forman un grupo fascinante. Algunas tienen colores vivos y son muy venenosas, por las sustancias químicas complejas de su piel. Estas ranitas van de 0.6 a 2 pulg (1.5 a 5 cm), como las dos ranas de vivos colores sentadas en las hojas (d.). Las veneno de flecha son animales sociales con complejas conductas territoriales, de cortejo y de apareamiento.

VIDA EN EL ÁTICO

Esta rana veneno de flecha de lunares fue descubierta en 1984. Se halla a 48-65 pies (15-20 m) del suelo, en la copa de los árboles de la selva húmeda de Panamá. Tal vez haya muchas otras especies de anfibios arbóreos en espera de ser descubiertas.

DARDOS CON VENENO

Los indios chocó, del occidente de Colombia, envenenan las puntas de los dardos de sus cerbatanas para cazar. Obtienen la toxina calentando una rana viva sobre una hoguera. Sólo usan algunas especies, pero una es tan venenosa (págs. 60-61), que basta frotar el dardo contra el dorso de la rana.

Las ranas veneno de flecha son animales sociales y viven en grupos pequeños

VACACIONES EN HAWAI

Esta rana veneno de flecha verde metálico de Costa Rica, Panamá y Colombia ha sido introducida en las islas Hawai y, como otras especies, también ha sido criada en cautiverio.

Cuando los colores aparecen, el veneno también

RENACUAJOS TÓXICOS

Las ranas veneno de flecha llevan a sus crías a pequeñas charcas aisladas, una a la vez, donde desarrollan sus colores y veneno conforme crecen.

TAMAÑO Y SONIDO DE INSECTO

Ésta es una de las ranas veneno de flecha más chicas: menos de 0.75 pulg (2 cm). Descubierta en 1980 en los bosques de los Andes, su nombre científico significa "zumbador", por su llamado "de insecto".

El amarillo y el negro advierten, como en la veneno de flecha o la salamandra de fuego europea (págs. 14-15)

Amigos y enemigos

LA AMENAZA DE LOS MURCIÉLAGOS
En áreas tropicales, los murciélagos han aprendido a lanzarse sobre las ranas que emiten sonidos, pero no siempre se salen con la suya. Por lo menos una especie de rana en Australia (la arbórea común verde) se los come.

LOS ANFIBIOS TIENEN POCOS AMIGOS, pero muchos enemigos naturales, y son devorados por una amplia gama de animales. Para sobrevivir, la mayoría de los anfibios ha desarrollado magníficos medios de camuflaje y defensa (págs. 16-17). También producen gran cantidad de huevos o cuidan de manera especial a sus crías. El ser humano es el peor enemigo de los anfibios y amenaza su supervivencia con la contaminación y destrucción de sus hábitats. Pero algunos amigos del anfibio son los animales que cavan madrigueras, proporcionándoles indirectamente un hogar. En ocasiones, distintas clases de anfibios comparten una madriguera o incluso la cavan juntos. Otros amigos son la gente que intenta protegerlos a ellos y a su ambiente (págs. 62-63).

RANAS *VS.* RATONES
Los antiguos griegos usaban animales en sus fábulas para mofarse de los políticos. En este grabado del siglo XVI sobre las guerras de Troya, el pueblo rana ganó la guerra contra el pueblo ratón cuando los cangrejos pellizcaron las patas de los ratones.

UNA SEGUNDA PIEL
Como otros anfibios, el sapo de uñas enano africano, pariente del sapo de Surinam y del sapo de uñas africano (págs. 22-23), muda su piel cada cinco a siete días. Esta acción posiblemente lo libra de los parásitos adheridos a su piel.

Piel arrugada que comienza a despellejarse y caerse

Los pies palmeados convierten a la rana de uñas en un buen nadador

MUCHOS ENEMIGOS
Según este dibujo del artista norteamericano John James Audubon (1785-1851), muchas aves acuáticas, como los martinetes, comen grandes cantidades de ranas. Otros depredadores incluyen arañas e insectos grandes, serpientes, mamíferos y ranas más grandes.

CONDENACIÓN
En esta fábula de Esopo (620-560 a.C.) una rana traviesa se ató un ratón al pie. Cuando la rana se zambulló en un estanque, el ratón se ahogó. Un halcón que pasaba se los comió a los dos… la rana fue víctima de su malicia.

RANA DE INTERIOR
Muchas especies comparten casas de humanos, sobre todo el cuarto de baño, como esta rana arbórea del sureste de Asia.

LOS MEJORES AMIGOS
En Europa occidental, los sapos corredor y partero (i. y c. en la madriguera) comparten a menudo el mismo hogar y pueden tener una sociedad vitalicia. Muchos otros animales, como los tritones (d. en la madriguera), también aprovechan el refugio seguro de un hoyo excavado, con su provisión de gusanos, arañas y escarabajos. Aquélla puede medir hasta 16 pies (8 m) y la entrada puede estar entre 6 y 10 pulg (15 a 25 cm) bajo tierra.

10½p
The Wind in the Willows
The Year of the Child

SAPO Y COMPAÑÍA
Las ranas son figuras populares en las estampillas. He aquí al Sr. Rana y sus amigos, Topo, Rata y Tejón, del cuento infantil *El viento en los sauces*, del escocés Kenneth Grahame (1859-1932).

Raros y en peligro

MUCHAS ESPECIES DE ANFIBIOS CASI NUNCA SON VISTAS porque están ocultas, como las ranas excavadoras, o porque sus hábitats naturales son inaccesibles. Otros rara vez se hallan fuera de su pequeña zona geográfica. Aunque se descubren anfibios a razón de 15 a 25 especies por año, muchos otros están desapareciendo debido al calentamiento global, los bajos niveles de agua, la contaminación, la lluvia ácida y la acción sobre sus hábitats, como la deforestación o el relleno de estanques. Preservar los hábitats naturales (págs. 62-63) es el paso más importante para evitar que estos seres se extingan.

¡MÁS PRECIOSO QUE EL ORO!
Esta rana china de oro de hace 2,000 años es muy valiosa, ¡pero cuando una especie se acaba es definitivo!

Garganta y vientre color crema

Par de ranas del tomate de Madagascar, una isla de la costa suroriental de África

Color tomate, pero típica gama del rojo profundo al naranja pálido

LA RANA MÁS VENENOSA DEL MUNDO
Recién descubierta en 1978, por su amarillo intenso esta *Phylobates terribilis* merece su nombre. Esta rana veneno de flecha, similar a la *Phylobates bicolor*, es tan venenosa que podría matar a una persona.

La piel, cuando la tocan, produce un moco espeso y un olor fétido

La venenosa *Phylobates terribilis* fue descubierta en Colombia

¡NUNCA MOLESTES A UNA MOFETA!
Las mofetas tienen una conducta defensiva desagradable. Si las provocan, rocían un líquido, de las glándulas de su cola, que huele a podrido. La rana mofeta produce un olor fétido en su piel, que exuda un moco espeso.

Rana mofeta de Venezuela

APESTA EN EL BOSQUE
La rana mofeta venezolana fue descubierta en 1991. Es el miembro más grande de la familia veneno de flecha (págs. 56-57), pero debe su fama al olor tan desagradable que emite si está en peligro. Como su nombre lo indica (ar.), la rana mofeta usa su olor para defenderse y ahuyentar a sus enemigos.

TRITÓN EN DESAPARICIÓN
El gran tritón crestado está en la lista de especies protegidas del Reino Unido; incluso para estudiarlo en libertad es necesario un permiso especial. Hace 20 años abundaba en Europa, pero el relleno de estanques caseros y los venenos agrícolas lo están acabando.

¿SOBREVIVIRÁ ESTA SALAMANDRA?
La salamandra cola larga del norte de España y Portugal depende de los arroyos y de los remansos naturales para su desarrollo larvario. El retiro de cantidades grandes de agua para uso agrícola y humano ha amenazado seriamente su supervivencia.

UN PASO
EN LA DIRECCIÓN CORRECTA
Estas ranas del tomate (i.) están en peligro, como muchas otras especies de ranas en Madagascar, pero como especie están enlistadas en el Apéndice I, lo que significa que reciben el más alto nivel de protección por ley. Sin embargo, se han criado con éxito en cautiverio. Esto y la protección de su hábitat natural como reservas naturales pueden permitir la reintegración a la naturaleza de esta y otras especies.

La cola de los grandes tritones crestados mide casi lo que su cuerpo

¿FOTOGRAFÍA IRREPETIBLE?
Las reuniones masivas, como este grupo de sapos dorados machos (las hembras son aceituna amarronado con lunares rojo vivo), en la reserva del bosque lluvioso de Monteverde, en Costa Rica en 1985, podrían ser cosa del pasado. No se han visto en esta región desde 1990.

LA ISLA DE LAS RANAS
Ésta es una rana Hamilton, la más rara de las tres especies nativas de Nueva Zelandia. Se la ha encontrado sólo en dos islas afuera del Estrecho de Cook. Una población vive entre una pila de rocas conocidas como "banco de la rana" en la isla Stephens, mientras que la segunda, con una población mayor, vive en un pequeño bosque en la isla de Maud. Si por accidente llegaran ratas, especialmente a la isla Stephens, estas ranas podrían extinguirse en breve.

Hermoso color dorado típico

BAJO AMENAZA
Esta mantela dorada (págs. 56-57) de Madagascar está amenazada por la destrucción de su hábitat, al igual que muchas otras especies de ranas (y otros animales) de la isla. Madagascar tiene un alto nivel de "endemismo", o sea que casi todas sus especies se encuentran únicamente allí.

Conservación

LOS PROBLEMAS que la gente ocasiona al destruir hábitats con la tala de bosques, el relleno de estanques naturales, el uso de agua pluvial para la industria, la lluvia ácida, la reducción de los niveles de agua dulce y el calentamiento global, amenazan seriamente la supervivencia anfibia. La gente debe cambiar su actitud hacia el ambiente y su fauna. Como todos los animales, los anfibios tienen derecho a vivir tranquilos en su hábitat natural. Al criar anfibios en jardines y parques ayudaremos a su supervivencia. Estudiar, hacer nuevos descubrimientos, informar sobre los anfibios ayuda a su conservación y demuestra lo importantes que son las ranas, sapos, tritones, salamandras y cecilias en el bello mundo natural que nos rodea.

MANO QUE AYUDA
Las ranas del tomate de Madagascar están en peligro. Se crian en cautiverio con éxito, así que aunque las silvestres se acaben, ellas sobrevivirán.

JOVEN NATURALISTA
Los dedicados y jóvenes naturalistas ayudan a salvar a los anfibios, recogiendo renacuajos de las charcas y soltándolos en estanques caseros.

¡DEMASIADO BIEN!
Introducir una especie extranjera en un país puede ser dañino, pues compite con los anfibios nativos. En 1935, el sapo de la caña fue introducido en Australia para controlar al escarabajo que infestaba la caña de azúcar. Este sapo se ha criado con tal éxito que se ha convertido en una plaga grave en las zonas costeras de Queensland y el norte de Nueva Gales del Sur.

DEPREDADOR
Las larvas de la libélula están en estanques y corrientes. Son depredadores codiciosos y comen renacuajos de rana y las larvas más pequeñas del tritón usando sus largas quijadas. Por ello no deben ser introducidas en estanques con larvas de anfibios.

Renacuajo de rana

El caracol del estanque limpia el agua del exceso de algas

Las larvas de tritón se alimentan de pulgones

Renacuajo comiendo un pedazo de carne; también come hojas hervidas de lechuga

Mosca de agua

MARAÑA DE RENACUAJOS
Criar renacuajos a partir de huevos y verlos transformarse en adultos pequeños es fascinante. Sensibles a la contaminación y a la lluvia ácida, son buenos indicadores de los cambios ambientales.

Las plantas acuáticas proporcionan oxígeno para conservar fresca el agua

Las larvas de tritón desarrollan primero las patas delanteras, y las ranas, las patas traseras

Bordes de plantas y troncos brindan refugio a los anfibios adultos

SAPOS RAROS
El sapo corredor es una especie protegida en el Reino Unido. Su vida depende del manejo de su hábitat.

El sapo corredor vive en brezales y dunas de arena.

MOSCA DE AGUA
¡Este insecto nada de cabeza usando sus grandes patas traseras como remos, y come renacuajos!

COMIDA DE CARACOLES
Observa cómo se alimentan los caracoles; raspan plantas acuáticas como los renacuajos.

ESTANQUES
Los estanques (ar.) son vitales para la supervivencia de anfibios. Puede hacerse uno sin gastar mucho, usando polietileno negro o goma butílica. El estanque debe tener áreas profundas y ser lo más grande posible. En el Hemisferio Norte el estanque debe tener por lo menos 2 pies (60 cm) de profundidad, para evitar que se congele en invierno.

Las plantas acuáticas brindan oxígeno, alimento y refugio a los renacuajos

Revestimiento de plástico hasta 2 pies (60 cm) de profundidad

Índice

Reconocimientos

Dorling Kindersley agradece a:
Peter Hayman del Museo Británico, Harry Taylor del Museo de Historia Natural, y a Michael Dent (Londres) por las fotografías adicionales. Dr. Gerald Legg, Jeremy Adams, y John Cooper del Booth Museum (Brighton); al British *Dendrobates* Group; Peter Foulsham del British Herpetological Supply; Ken Haines; David Bird, Myles Harris, Fiona MacLean, y Robert Stephens del Poole Aquarium; Regent Reptiles; al Reptilearium; y a Roger Wilson del Río Bravo Field Studies Centre (Belice), por proporcionar información acerca de las especies y las fotografías de los especímenes. Al personal del Museo Británico (especialmente a Lesley Fiton, Catharine Harvey, Sarah Jones, Richard Parkinson, Peter Ray, y James Robinson),

y al Museo de Historia Natural (especialmente a Ann Datta, Dra. Angela Milner, y Tim Parmenter) por su ayuda en la investigación. Doris Dent y Alan Plank por proporcionar material para ser fotografiado. Alex y Nicola Baskerville, y Amy Clarke que participaron como modelos. Céline Carez por su ayuda en la investigación. Manisha Patel, Sharon Spencer, y Helena Spiteri por su ayuda editorial y en el diseño. Jane Parker por el Índice.

Ilustraciones Joanna Cameron

Créditos fotográficos
ar. = arriba; ab. = abajo; c. = centro; i. = izquierda; d. = derecha
Zdenek Berger: 8ar.c.
Biofotos: Heather Angel 23ar.i., 35ab.d., 37ar.i.; Brian Rogers 37ar.c.d.

Prof. Edmund D. Brodie Jr.: 16ab.c.d., 17ab.c.d., 36ab.c., 47c.d., 49c., 49ab.i., 56c.
Dr. Barry Clarke: 20ab.c.i., 23ar.c., 50c.i.
Bruce Coleman Ltd.: John Anthony 61ar.d.
Jane Burton 16ar.d.; Jack Dermid 16ar.c.d., 49c.ab.; Michael Fogden 36ab.c.i., 37ab.c.d., 61c.d.;
Jeff Foott 60c.d.; A. J. Stevens 55ar.i., 55c.i.
Dorling Kindersley: Frank Greenaway 38ar.i., 38ar.d., 38ab., 39ar.d., 39c.d.; Colin Keates 8ab., 9ar.c., 9ar.d.; Dave King 11ar.i.; Karl Shone 7ar.d.; Kim Taylor y Jane Burton 39c.i., 39ab.; Jerry Young 12ar.d., 20ab.i., 23ar.d., 30c.i., 44c.d., 50ab.
Mary Evans: 14ar.i., 32ar.i., 36ar.d., 46c.i., 48ar.d., 56ar.i., 57c.d.
Copyright Jim Henson Productions, Inc. Kermit the Frog es una marca registrada de Jim Henson Productions, Inc. Todos los derechos reservados: 52ar.d.
Image Bank: Al Satterwhite 21ab.d.

Kobal Collection: 34ab.c.
Mike Linley: 13ar.d., 17ab.i., 17c.i., 20ab.c.i., 32ar.i., 32ab.c.i., 32c.d., 32ab.i., 33ab.c., 36ar.c.i., 54ar.
Musée Nationale d'Histoire Naturelle: 8ar.d., 9ar.i.
C.W. Myers, American Museum of Natural History: 57ar.c.i., 57c.i., 60ab.i., 60ab.c.
Motoring Picture Library, National Motor Museum at Beaulieu: 6ar.i.
Naturhistoriska Riksmuseet: 8c.
NHPA: ANT 44ar.d., 61ab.i.; Stephen Dalton 25c.i., 27ab.i.; Jany Sauvanet: 29c.d., 46c.ab.
Oxford Scientific Films: Kathie Atkinson 13ar.i., 13ar.c.; Jim Frazier 13d.; Michael Fogden 22ar.c.d., 51ar.c., 51c.; Z. Leszczynski 7c.i.
Royal Collection, St. James's Palace, copyright Her Majesty the Queen: 46ar.d., 51ar.i.
Paul Verrell: 34c.
Zefa: 56c.d.; K. y H. Bensor 19ab.c.i.

1 BIRD
2 ROCKS & MINERALS
3 SKELETON
4 ARMS & ARMOR
5 TREE
6 POND & RIVER
7 BUTTERFLY & MOTH
8 SPORTS
9 SHELL
10 EARLY HUMANS
11 MAMMAL
12 MUSIC
13 DINOSAUR
14 PLANT
15 SEASHORE
16 FLAG
17 INSECT
18 MONEY
19 FOSSIL
20 FISH
21 CAR
22 FLYING MACHINE
23 ANCIENT EGYPT
24 ANCIENT ROME
25 CRYSTAL & GEM
26 REPTILE
27 INVENTION
28 WEATHER
29 CAT
30 BIBLE LANDS
31 EXPLORER
32 DOG
33 HORSE
34 FILM
35 COSTUME
36 BOAT
37 ANCIENT GREECE
38 VOLCANO & EARTHQUAKE
39 TRAIN
40 SHARK
41 AMPHIBIAN
42 ELEPHANT
43 KNIGHT
44 MUMMY
45 COWBOY
46 WHALE
47 AZTEC, INCA & MAYA
48 BOOK
49 CASTLE
50 VIKING
51 DESERT
52 PREHISTORIC LIFE
53 PYRAMID
54 JUNGLE
55 ANCIENT CHINA
56 ARCHEOLOGY
57 ARCTIC & ANTARCTIC
58 BUILDING
59 PIRATE
60 NORTH AMERICAN INDIAN
61 AFRICA
62 OCEAN
63 BATTLE
64 GORILLA, MONKEY & APE
65 MEDIEVAL LIFE
66 FARM
67 SPY
68 RELIGION
69 EAGLE & BIRDS OF PREY
70 WITCHES & MAGIC-MAKERS
71 SPACE EXPLORATION
72 SHIPWRECK